Maurice Duron

LA VOILE

Éditions de La Martinière

Avertissement

Le propos de cet ouvrage est ambigu ; si le mot ne plaît pas, disons qu'il est à double visage. À ce titre, il mérite quelques explications.

Sous prétexte de traiter de la voile, de sa pratique, et de ses usages (ce qu'il fait tout au long de ses 160 pages), il prétend à une seconde intention que l'on peut qualifier d'impressionniste. Ce qui reste de la voile quand on a tout oublié...

Le plaisir de naviguer ne tient pas exclusivement à la maîtrise des règles de l'art, de la manœuvre, du sens marin, qui sont, à notre avis, nécessaires mais ne constituent que la partie visible de l'iceberg. Le plaisir vient aussi - surtout ? - de ce qui est offert en prime au jeu subtil du vent et des voiles ; de cette part personnelle (très personnelle) où la mémoire se peuple d'émotions en tout genre, dont il reste des traces, et que, par commodité, nous appelons des impressions.

Ce sont parfois des choses fortes, une arrivée triomphale, sous spi, au petit matin à Bonifacio, un fameux grain dans la Teignouse tout près de Basse Nouvelle, un mouillage somptueux aux îles Chausey, au bout du Sound... Ce sont aussi des choses simples, le goût de ce café brûlant dans la brume d'Ouessant, cette escorte de dauphins en route, comme nous, vers Porto Cervo, le clin d'œil de Baptiste au rappel, pendant la régate du CNBA...

Des sensations ou des images fugitives, qui passent, comme çà, ou vous habitent pour toujours. Impressions...

C'est donc délibérément que les principes, manœuvres et procédures exposés ici sont relatés comme des événements et non comme l'énoncé de leçons, plus ou moins magistrales ; un peu comme l'instrumentiste « oublie » sa technique pour se concentrer sur le sens de la musique...

En somme, l'ambition de ce livre est de montrer que le bonheur de naviguer est avant tout impressionniste, puisque derrière l'habileté, le savoir ou l'expérience, se cache l'autre visage de la voile, celui de l'émotion et de son incommensurable richesse.

C'est en cela, et contrairement à ce qu'on pourrait croire, que la croisière ne finit jamais...

M.D.

LA VOILE ET LA MER

Depuis qu'il a entrepris d'aller sur l'eau pour ses échanges ou ses conquêtes, l'homme a compris le parti qu'il pouvait tirer de la plus banale des énergies douces, quasi constante et gratuite. De là à inventer la voile, il n'y avait qu'un pas. Il le franchit allégrement, sans bien comprendre – comme, plus tard, Monsieur Jourdain – qu'il faisait de l'aérodynamique sans le savoir.

Dès lors, et pour quelques millénaires, la voile et la mer devinrent indissociables. C'est que la voile n'existe que par la mer, à laquelle la rattachent des liens complexes, puissants ou subtils, souvent aléatoires. Parler de la voile, c'est parler de la mer…

Là est notre jardin. Jardin de misère, jadis, au temps de la marine en bois, pour les grands voiliers qui doublaient les « trois caps » (1) dans des coups de torchon effrayants ; jardin de plaisance, aujourd'hui, pour les héritiers de leur grande tradition. Mais jardin immuable, où règnent les lois édictées une fois pour toutes par la nature toute-puissante. Faire de la voile, c'est encore et toujours respecter la loi de la mer.

Par les temps mécanisés qui sont les nôtres, il est courant de répéter que les technologies modernes ont raccourci les distances. Les moyens de communication contemporains mettent à notre portée, en quelques heures, les points

les plus reculés du monde. Trois heures de Concorde suffisent pour traverser l'Atlantique ; il faut à peu près le même temps pour rallier Belle-Île en partant de La Trinité. Mais, singulièrement, c'est à cette même époque – la nôtre – que la voile de plaisance a pris la mesure de son royaume. Il n'y a pas si longtemps, naviguer à la voile était une activité confidentielle réservée à une élite ; une traversée océanique relevait presque de l'exploit, les courses étaient exceptionnelles, les tours du monde à

(1) Les trois caps :
Horn, Bonne-Espérance, Leeuwin.

Après une empoignade « à la loyale », ces 6 mètres J.I. vont entamer le dernier bord. Rude explication, où le skipper vainqueur sera sans doute le plus fin manœuvrier, mais aussi celui qui connaissait le mieux la mer.

À gauche : après une traversée fulgurante, les premiers voiliers de la course Québec-Saint-Malo approchent de la ligne d'arrivée ; ici Royale II en vue des côtes françaises.

la voile, plus rares encore. De grands noms ont jalonné ces temps héroïques ; il n'est pas interdit de saluer au passage Slocum, Vito Dumas, Chichester, Moitessier, pour ne citer que ceux-là.

Aujourd'hui, tout a changé ; la voile est devenue accessible, elle se vit au quotidien ; chaque jour, des hommes et des femmes s'élancent à travers l'Atlantique, les épreuves de haute mer foisonnent (trop, peut-être), et les « circum navigateurs » sont de plus en plus nombreux, même s'ils restent discrets. La voile a trouvé son second souffle.

Mais, attention : parler de la plaisance à la voile revient souvent à évoquer une aventure humaine où voisinent – et parfois même s'affrontent – des données contradictoires. La plaisance – le mot est éloquent – contient en filigrane la notion de plaisir et d'évasion ; elle est chargée de symboles : un voilier qui glisse au

crépuscule vers un abri sûr, la chevauchée fantastique du dernier bord de régate, le passage du raz de Sein par brise fraîche... Émotions rares, intimes et intenses, imprégnées de poésie. Mais, en regard de cela, nos compagnons de jeu (la mer, le vent, les courants, la marée...) n'obéissent pas aux mêmes lois ; ils interviennent selon leurs règles propres, implacables, totalement indifférents à notre destin. Michelet disait, en

substance : « La nature n'est pas que rêverie, paresse et langueur. » Aussi, quand le terrain de jeu devient champ de bataille, il faut savoir combattre, résister et parfois accepter de toucher le fond de la misère humaine, comme le faisaient les anciens du grand métier.

Ce n'est certes pas toujours facile, mais c'est le prix à payer pour entrer dans un monde épique où tout se joue entre l'effort et le plaisir.

Lorsque le vent se lève, que la mer se creuse en virant aux couleurs sombres, l'équipage doit montrer sa mesure. Manœuvres promptes et justes, compréhension, sens de l'effort partagé. Pourtant, il n'y a pas ici de risque réel, malgré l'ardeur des protagonistes : les éléments ont seulement décidé de montrer un peu de leur force. Aux hommes de « faire avec » (proverbe breton).

9

LES FRONTIÈRES MARITIMES

Souvenons-nous de notre étonnement lorsque, enfant, nous avons pour la première fois contemplé un planisphère : alors qu'il était censé représenter la Terre, les grandes zones bleues de la mer étaient plus vastes que les cinq continents réunis. Paradoxe que l'instituteur devait confirmer peu après. Eh oui, les deux tiers de la peau de l'orange sont liquides : 156 millions de kilomètres carrés pour le plancher des vaches, et 354 millions pour l'eau salée.

Il fallut nous y habituer. La Terre, c'est d'abord la mer…

Une formidable masse d'eau

Symboliquement ou par facilité, nous utilisons le mot « mer » pour désigner l'immense étendue d'eau salée qui baigne les continents ; les géographes et les océanographes sont plus précis : ils distinguent les grands océans, les mers bordières (la mer d'Irlande, par exemple, ou la mer des Antilles), et les mers intérieures (comme la Méditerranée) situées, elles, au milieu des terres.

Ce découpage n'a rien d'artificiel : chacune de ces étendues maritimes, selon sa situation géographique, présente en effet des caractéristiques – et donc des conditions de navigation – qui lui sont propres. Les grands océans coupés par l'équateur ont en outre deux systèmes distincts, celui du sud et celui du nord. Au total, la formidable masse d'eau constituant la mer représente un milliard trois cents millions de kilomètres cubes d'eau s'étendant sur quatre grands bassins : l'Atlantique (87 334 950 km^2), le Pacifique (144 159 100 km^2), l'Indien (43 305 050 km^2), les mers du Sud (79 265 250 km^2).

Quant aux profondeurs, il faut simplement se rappeler que les fonds marins sont comparables aux terres émergées avec leurs vallées, leurs plaines, leurs gorges, leurs chaînes montagneuses. La plus grande fosse marine, située dans le sud des îles Mariannes et des Carolines, plonge à plus de 11 000 mètres. Ce n'est pourtant que la réplique de l'Everest, qui culmine à 8 848 mètres. Il faut toutefois tempérer ces visions grandioses ; si nous fabriquions un globe de 1,26 mètre de diamètre en décidant qu'il représente la Terre, la fosse des Mariannes n'atteindrait pas, à la même échelle, 1 millimètre de profondeur… C'est dire l'insignifiance relative de la pellicule d'eau recouvrant la planète. C'est aussi fixer les limites de notre terrain d'aventure : vaste sans doute ; profond, non…

Et même s'il est immense, il n'est pas infini. Car tôt ou tard, inéluctablement, la mer vient à rencontrer la terre, créant sur la carte le graphisme extravagant et incertain des côtes.

Incertain, parce que la ligne de séparation entre la terre et l'eau n'est qu'une donnée apparente (sous la mer, la terre continue) ; la fameuse définition de l'île, cette terre prétendument entourée d'eau

LES GRANDS OCÉANS ET LEURS DÉPENDANCES		
OCÉAN	DÉPENDANCES	SURFACES EN KM^2
OCÉAN ATLANTIQUE	Atlantique Nord	37 147 950
	Atlantique Sud	26 549 600
	Golfe du Mexique	1 856 000
	Mer des Caraïbes	3 007 850
	Mer du Nord	420 400
	Manche	80 150
	Baltique	506 350
	Méditerranée	2 105 500
	Mer Noire et mer d'Azov	360 850
	Mer de Norvège	2 917 650
	Mer polaire arctique	12 382 650
OCÉAN PACIFIQUE	Pacifique Nord	69 162 300
	Pacifique Sud	61 130 650
	Mer de Behring	2 225 950
	Mer d'Okhotsk	1 403 750
	Mer du Japon	972 709
	Mer Jaune	1 213 250
	Mer de Chine	3 539 400
	Mer des Célèbes	571 200
	Mer de Soulou	451 160
	Mer de Banda	932 500
	Mer de Java	1 200 100
	Mer d'Arafura	1 452 300
OCÉAN INDIEN	Océan Indien	42 691 300
	Mer Rouge	411 150
	Golfe persique	200 600
MERS DU SUD	Mers du Sud	67 784 550
	Océan Antarctique	11 480 700

de tous côtés, est fausse : une île est simplement une émergence de la croûte minérale qui court sous toutes les mers du globe.

Incertain, aussi, parce que les côtes sont interminablement façonnées par la mer, le vent, les forces telluriques ; les plus exposées sont rongées, crevassées, sapées, tandis que les côtes abritées sont lentement comblées par les apports d'alluvions transportés par les courants, la marée et le vent.

Incertain, enfin, parce que dans un espace de temps beaucoup plus limité, une journée, le paysage marin se transforme sans arrêt. Les marées recouvrent puis découvrent une sorte de no man's land appartenant tour à tour à la mer et à la terre : l'*estran*. Insignifiant (comme les marées) en certains points du globe (Méditerranée occidentale, par exemple), il atteint d'immenses surfaces sur les côtes basses comme celles du nord de la Manche. Nous reparlerons de tout cela à propos des marées ; notons simplement que les côtes représentent une interminable frontière longue de 260 000 kilomètres, plus de six fois le tour de la Terre…

Les côtes : là où tout commence et où tout finit

Pour le marin de plaisance, la zone côtière est un véritable terrain d'élection où il peut se livrer aux joies du pilotage et du rase-cailloux. Il peut y exercer son art de l'*estime*, jouer subtilement à cache-cache avec le danger et décider (souvent avec un léger frisson) jusqu'où ne pas aller trop loin. Car, curieusement, le plus grand danger de la navigation en mer... c'est la terre. Un danger relatif, d'ailleurs, dépendant de sa nature (vase, sable, coquillages, roches...) et de l'état de la mer. Un dériveur léger qui se « plante » dans la vase molle du golfe du Morbihan ne risque que le ridicule s'il est en régate ; en revanche, le croiseur drossé par mauvais temps sur les redoutables rochers de Saint-Guénolé peut se perdre, et son équipage être en danger.

Cette frontière entre terre et mer est souvent instable, non seulement du fait de l'état de la mer mais à cause d'un des principaux phénomènes marins, complexe et inévitable : la marée.

Autant de raisons pour s'intéresser de plus près à ces espaces plus ou moins amphibies, sournois, parfois truffés de pièges... où il fait si bon naviguer !

Les côtes basses

Les côtes basses ne sont pas les plus faciles ; vues du large, elles sont difficiles à distinguer précisément parce qu'elles sont plates, uniformes, souvent dépourvues d'amers naturels. Tout y est trompeur. Elles sont délicates à approcher, les fonds sont faibles, encombrés de bancs de sable ou de vase, le relief sous-marin est parfois tourmenté, sillonné de chenaux invisibles. Il arrive même que les bancs soient en mouvement. Qui ne connaît le célèbre banc d'Étel et la barre redoutable qu'il produit ?

Les côtes basses sont fréquemment débordées par des barrières ou plateaux rocheux, émergeants ou non ; ils constituent des dangers pour la navigation, désorganisent et lèvent la mer, créent des brisants, des courants et provoquent le ressac (retour de la vague vers l'arrière).

Les côtes basses et leur langueur... Par petit temps, ce sont de véritables paradis pour les planches et les petits dériveurs. Mais par mauvais temps, elles peuvent se révéler difficiles et sournoises. Des courants y rampent, les bancs de sable s'y déplacent, et souvent la mer y brise brutalement. Méfiance !

On distingue deux catégories de côtes basses : celles dites d'accumulation, et les côtes rocheuses.

● **Les côtes d'accumulation**

Les côtes d'accumulation sont constituées de plages ou cordons de sable directement adossés à la terre ferme ou séparés d'elle par des étangs ou des lagunes tels qu'on en voit sur le littoral du Languedoc-Roussillon. Sur les cartes, leur représentation est caractéristique : une longue ligne presque droite, parfois incurvée, sans détail significatif. En France, on cite toujours la côte des Landes, mais il en existe de plus modestes : ainsi, entre Lorient et Penthièvre, les plages constituent une côte basse d'accumulation créée entre deux éperons rocheux. Jadis, Quiberon était une île...

Il faut également classer dans cette catégorie les zones envasées par les dépôts alluvionnaires des courants, les vents et les interventions humaines. Vasières ou plages, ces côtes sont instables, changeantes, leurs fonds se modifient sans cesse et créent des conditions de navigation délicates par vent frais. Faible hauteur d'eau, chenaux sous-marins invisibles, bancs de sable (affleurants ou non) lèvent et perturbent la mer localement. Les abris sont rares, peu visibles et d'accès malaisé (Arcachon). Un petit croiseur malmené par une mer difficile peut avoir à longer longuement ces côtes inhospitalières avant de trouver un refuge.

● **Les côtes rocheuses**

Les côtes basses rocheuses sont d'une tout autre nature. Le littoral et les fonds sous-marins ont la même origine ; les uns sont la prolongation de l'autre. La roche descend en pente douce vers la mer, la rejoint et se poursuit au large à peu près selon la même inclinaison. C'est du moins ce que dit le géologue. Le navigateur, lui, n'aura pas la même perception des choses. Il verra une côte déchiquetée, non homogène, infiniment variée, parsemée de chaos rocheux plus ou moins tourmentés et se poursuivant au large par une série d'îlots et d'écueils. Et encore le décor sera-t-il différent selon la nature de la roche et, donc, sa capacité de résistance à la mer et au vent

Ouessant, île dure. Depuis la nuit des temps, sa « pince de crabe » est rongée par la mer. Sans merci. Et le résultat est là, sous nos yeux. Des sites lunaires, des chaos morcelés, déchiquetés, agonisant de part et d'autre de la baie de Lampaul. Ouessant, île des veuves, des naufrageurs et du Creac'h. Ouessant, avant-garde du continent. Ouessant tient toujours...

qui s'ingénient à tout ronger. Entre Lesconil et Saint-Guénolé, en Bretagne, il apercevra les énormes blocs de granit sculptés en choux-fleurs et devinera, à fleur d'eau, le plateau sous-marin qui les déborde au large. Plus au nord, en baie de Douarnenez, il trouvera, au contraire, une côte basse creusée dans des schistes qui résistent moins bien aux agressions des vents du large. Remarquons au passage que la baie des Trépassés, juste à

côté, correspond à une veine de terrain sédimentaire encadrée par les deux éperons de roches cristallines de la pointe du Raz et de celle du Van.

Plus friables encore, les côtes basses de grès ou de calcaire procèdent d'une désagrégation rapide des minéraux. Creusée, limée, usée par la mer, la roche a dégagé de larges estrans prolongés au large par des platures dangereuses. Le navigateur y prendra garde ; il sera alerté par les lignes d'écueils (roches plus dures) qui, souvent, les débordent en mer, comme les roches de Grandcamp ou le plateau du Calvados. En fait, les côtes basses rocheuses constituent, en dépit de leurs difficultés (ou, peut-être, à cause d'elles), un passionnant terrain d'aventure pour la petite plaisance.

Les côtes élevées

Les côtes élevées, celles de Malte ou de Helgoland, ou encore les falaises d'Étretat, n'offrent pas un terrain d'aventure aussi varié que les côtes basses. Véritables murailles dressées face à la mer, elles sont souvent débordées par des platures dangereuses où la mer se brise violemment. Pourtant, elles ne sont pas inviolables : à la fin de 1862, pendant l'une des plus fortes tempêtes du siècle, les falaises calcaires du cap de la Hève, près du Havre, se sont effondrées sur une épaisseur de 15 mètres et sur une longueur de 400 mètres sous les coups de boutoir de la mer (1) qui désagrège ces blocs énormes, en arrache le silex, le roule et le brise en galets. Ainsi se forment, en avant des falaises, des éboulis qui, peu à peu, sont rongés et détruits par l'eau, le sel et les anciens galets que les tempêtes projettent avec violence. C'est pourquoi les falaises crayeuses, inlassablement sapées et minées, sont en recul. Au début du siècle, le directeur du laboratoire de géographie physique de la Sorbonne calculait que nos côtes friables avaient reculé de 1 400 mètres depuis le VIe siècle. L'ancien village de Sainte-Adresse, près du Havre, occupait jadis l'emplacement actuel du banc de l'Éclat, au large du cap de la Hève...

Pourtant, la destruction des côtes élevées n'est pas toujours aussi rapide. À l'extrémité de la Bretagne, les promontoires rocheux du raz de Sein et d'Ouessant résistent aux assauts des flots. Ils sont constitués, pour l'essentiel, de granit. Mais entre les veines granitiques s'intercalent des roches schisteuses beaucoup plus fragiles ; ce sont elles qui ont

donné naissance à la baie de Lampaul à Ouessant et à la rade de Brest.

En crevassant le littoral, en créant çà et là des dangers ou des abris, la nature a donné à ces côtes un attrait particulier pour le marin de plaisance ; la navigation y est plus délicate, plus subtile, plus dangereuse aussi ; hauts fonds, brisants et courants sont fréquents, sans parler des « couloirs à vent » où toutes les surprises sont possibles...

La Manche n'a pas bonne réputation. Surtout aux abords du rempart de craie qui verrouille la côte, entre Le Havre et l'embouchure de la Somme. Mais son agression millénaire a modelé le minéral en de prodigieuses sculptures qu'il faut voir de la mer. De gigantesques échines blanches usées par les embruns s'enfoncent dans les eaux vertes travaillées par les courants. Comme ici, à Étretat.

---

(1) Il a été calculé que de très fortes vagues peuvent développer une force de 30 tonnes au mètre carré.

LA RESPIRATION OCÉANE

Les navigateurs sont, depuis toujours, de grands observateurs de la nature ; Victor Hugo appelait les marins bretons « de sombres écouteurs de mer », sous-entendant par là qu'ils entretenaient un commerce étrange et secret avec des forces immuables.

Lorsqu'on est en mer, tout ce qui se passe sur ou sous l'eau, dans le ciel, tous les événements visibles ou non qui se produisent aux alentours du bateau sont importants. Ils peuvent, d'une manière ou d'une autre, avoir une influence sur les conditions de navigation, le confort à bord, la sécurité, etc. Très tôt, les hommes de mer ont appris à déchiffrer les messages des brisants, des courants ou des nuages porteurs de bonne brise ou de tempête, et leur savoir s'est perpétué à travers une tradition orale, imagée et poétique, dont il ne nous reste – hélas ! – que quelques dictons épars.

L'un des principaux phénomènes marins – la marée – pourtant habituel, quotidien et répétitif, leur a longtemps posé une énigme. Aucune observation, aucun recoupement, aucun mouvement perceptible du ciel ni des eaux ne leur en fournissait d'explication suffisante. Certes, ils savaient s'en méfier ou l'exploiter magistralement, utilisant avec adresse ses effets mais ignorant toujours ses causes. À court d'explication, les Vikings avaient imaginé que le dieu Thor, assoiffé, s'abreuvait directement à la mer d'une puissante aspiration puis, désaltéré, rejetait de la même manière le surcroît d'eau absorbé, créant ainsi, alternativement, une descente puis une montée des eaux...

Oubliant ce mythe, Newton devait donner la première explication scientifique des marées et montrer qu'elles sont la conséquence de la gravitation universelle. Ainsi s'établissait un lien difficilement imaginable entre le redoutable écueil affleurant à basse mer et ce qui se passe très haut dans le ciel, au-delà des nuages et de l'atmosphère. Les Vikings avaient quelques excuses...

Tout vient de l'espace

La loi de Newton veut que deux corps quelconques s'attirent en proportion de leur masse et en raison inverse du carré de leur distance. La règle est valable pour les objets les plus insignifiants comme pour les formidables corps célestes habitant le cosmos. Notre planète étant l'un de ces corps célestes, elle est soumise à la même loi : elle attire en même temps qu'elle est attirée ; cela ne peut être sans conséquences sur la mince pellicule d'eau qui la recouvre. Il a été observé une coïncidence entre l'intervalle de temps entre deux marées consécutives et celui du passage de la Lune au méridien, mais également que deux marées successives n'ont jamais la même hauteur. Le flux est important lors de la pleine ou de la nouvelle lune, plus faible aux « quadratures ». Explication : les

Sur le scintillement d'une mer apaisée, une goélette a mouillé son ancre pour la nuit. Une grande et belle impression de quiétude se dégage de cette image. Pourtant, à l'insu de l'équipage qui se repose, des forces immuables, lointaines et invisibles peuvent venir troubler cette sérénité. Rien ne dit qu'à la renverse de la marée, comme c'est souvent le cas, le confort du bord ne va pas se trouver perturbé.

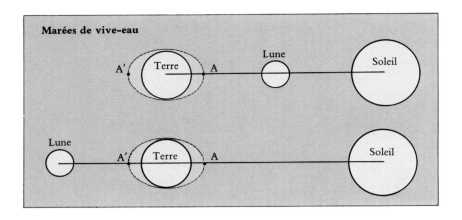

Marées de vive-eau

Lors des marées de vives eaux, les attractions de la Lune et du Soleil agissent dans le même sens.

Les deux astres agissent en sens contraire lors des marées de mortes eaux. Dans le schéma de la combinaison des ondes lunaire et solaire, l'amplitude AB est la différence entre LL' et SS'.

Marées de morte-eau

Combinaison des ondes lunaire et solaire

deux premières phases dépendent de la position de la Lune et du Soleil par rapport à la Terre, de sorte que ces deux astres ont une action soit plus ou moins conjuguée, soit plus ou moins opposée. L'affaire n'est pas simple...

Si l'on considère la figure ci-dessus, on constate qu'en raison de la loi de Newton la Lune exerce une attraction sur la Terre ; cette attraction varie selon la distance. Il est donc évident que le point A subira davantage d'attraction que le point T au centre de la Terre, qui, lui-même, en subira davantage que le point A' situé aux antipodes. Si les deux astres étaient très éloignés – comme Mars et notre planète – l'attraction serait à peu près insignifiante, mais la

Terre et la Lune ne sont séparées que par soixante fois le rayon de notre globe, ce qui est vraiment un saut de puce à l'échelle cosmique ; nombre de vaisseaux de l'espace ont déjà fait le voyage, certains même l'aller et retour. Conséquence directe : les molécules d'eau, fluides par définition (c'est-à-dire retenues par rien), subissent fortement l'attraction lunaire et forment une sorte de « bosse » à la surface de la Terre. Elles sont les premières à être attirées, mais la masse terrestre l'est aussi, à retardement et à un moindre degré, de sorte que le point T est attiré après le point A mais avant le point A'. De sorte aussi qu'il se forme une seconde « bosse » diamétralement opposée à la première. Il y a donc deux marées dues à l'attraction lunaire.

Ce n'est pas tout.

Le Soleil, beaucoup plus éloigné que la Lune mais considérablement plus grand, introduit des modifications dans le phénomène. Il joue, lui aussi, son rôle attractif (moins que la Lune, toutefois), mais à son rythme propre. Parfois il amplifie l'action lunaire, parfois il la contrecarre. Lorsque les centres de la Terre, de la Lune et du Soleil sont alignés, les effets de la marée solaire s'ajoutent à ceux de la marée lunaire. Il se produit alors des marées puissantes, dites de *vives eaux*. Au contraire, si les centres de ces planètes forment un angle droit, les attractions se contrarient et il ne se produit que de petites marées, les *mortes eaux*. Entre ces deux extrêmes, toutes les combinaisons résultant des positions respectives des trois astres sont possibles.

Le phénomène intègre également le mouvement de balancier que font les eaux à la surface du globe et qui est dû, en partie, à la rotation de la Terre.

Pour des raisons de commodité, nous n'en dirons pas plus, puisque c'est la manière dont la marée est perçue par le navigateur côtier qui nous intéresse. Pour lui, il s'agit d'abord d'un mouvement périodique de montée et de descente de la mer. La période durant laquelle l'eau monte s'appelle le *flot* ; quand elle descend, c'est le *jusant* ; lorsque l'eau atteint son point le plus haut, elle culmine pendant un certain temps : c'est l'*étale* de haute mer. De même à

La marée n'a que faire des conditions atmosphériques. Elle obéit à d'autres lois. Ce temps à grains ne troublera en rien l'inéluctable montée des eaux durant le flot, sa stabilité pendant l'étale et sa baisse durant le jusant.

Basse mer à Binic. Le jeu du courant et des vagues a crevassé le sable. Les dessins auront changé à la prochaine marée. Ce no man's land incertain, tantôt recouvert, tantôt découvert, occupe une surface variable selon les régions et l'amplitude des marées. C'est « l'estran », qui, sans marée, n'existerait pas.

23

Les îles Chausey, devant Granville, sont l'un des lieux de France les plus caractéristiques pour observer le phénomène des marées. La grandiose respiration océane y pèse de tout son poids. Et, de la haute à la basse mer, le paysage change totalement. Dans le mouillage du Sound — cher à Marin Marie — une flottille de voiliers se terre frileusement en attendant l'heure de l'appareillage.

marée basse : l'étale de basse mer. La différence de hauteur entre la pleine et la basse mer définit l'*amplitude* de la marée, éminemment variable en hauteur. Le cycle d'une marée est de 12 heures 25 minutes en moyenne ; à raison de deux marées par jour, il se produit donc un décalage permanent de 50 minutes toutes les 24 heures. Voilà pourquoi la haute et la basse mer ne se produisent pas à heures fixes.

Au-delà de ces explications de base, le marin devra connaître quelques données élémentaires mais indispensables.

Le processus des marées obéissant à des lois mécaniques et physiques, il est possible de les prévoir et de les quantifier avec une précision remarquable ; c'est ce que font les experts du Service hydrographique et océanographique de la Marine (SHOM), qui publient chaque année un ouvrage récapitulant toutes les données nécessaires à la navigation côtière, l' « Annuaire des marées ». Ce

document indispensable (et d'ailleurs obligatoire pour les croiseurs) donne notamment, pour dix-huit ports de référence français, le *coefficient* et l'*amplitude* de chaque marée.

Le coefficient est une grandeur relative de la marée (comparée aux autres marées) *exprimé en centièmes* ; il s'énonce ainsi :
– coefficient 20 (la plus faible marée connue) ;
– coefficient 45 (mortes eaux moyennes) ;
– coefficient 70 (marée moyenne) ;
– coefficient 95 (vives eaux moyennes) ;
– coefficient 120 (plus grande marée connue ; vives eaux maximales).

En pratique, la hauteur d'eau d'une marée de mortes eaux ne s'élèvera pas beaucoup à haute mer et ne descendra guère à basse mer. Inversement, une marée de vives eaux montera assez haut à haute mer et descendra assez bas à basse mer. Le record de différence revient évidemment aux marées de 120, que l'on qualifie chaque fois de « marée du siècle », ce qui ne veut pas dire grand-chose...

L'amplitude est la différence de hauteur *exprimée en mètres* entre la haute mer et la basse mer d'une même marée. L' « Annuaire des marées » donne pour chaque port de référence et pour chaque jour de l'année : la hauteur d'eau et l'heure de la haute mer ; la hauteur d'eau et l'heure de la basse mer.

Faut-il préciser que ces données sont extrêmement précieuses...

Caprices

Donc, à chaque marée son coefficient, son amplitude et son heure d'arrivée. À ce propos, il faut encore donner une explication. Pourquoi diable la marée ne se fait-elle pas sentir de la même manière et à la même heure sur toutes les côtes françaises ? Voici. L'onde de marée venant de l'ouest atteint les côtes occidentales du pays à peu près au même moment, mais la configuration des côtes, leur nature, la profondeur de l'eau et d'autres caractéristiques d'ordre local produisent des décalages sensibles quant à l'action de la marée et à son heure d'arrivée. Sur le littoral atlantique, par exemple, la pleine mer de Brest sera atteinte à peu près une demi-heure après celle des ports situés entre Audierne et Marennes, une heure avant la pleine mer d'Arcachon et une demi-heure après celle de Saint-Jean-de-Luz.

En Manche, c'est la hauteur d'eau qui sera le plus capricieuse. L'onde s'engouffre comme dans un entonnoir entre la Cornouaille et la Bretagne, puis fonce vers le Pas-de-Calais. Au passage, elle bute sur le Cotentin et crée des amplitudes considérables sur les côtes basses de la baie du Mont-Saint-Michel. La légende dit que le flot arrive à la vitesse d' « un cheval au galop » ; en réalité, il n'atteint que 30 kilomètres à l'heure aux plus grandes marées mais reste très impressionnant, fonçant comme un mini raz de marée sur une étendue de 20 kilomètres de sable... Cela dit, il atteint une amplitude théorique de 15 mètres, ce qui est l'un des records mondiaux.

Curieusement, de l'autre côté de la Manche, la marée dépasse à peine 2 mètres : les obstacles de la côte sud de l'Angleterre dévient le flot vers l'est et le nord-est.

Enfin, dernière singularité notable du phénomène des marées, la mer ne monte ni ne descend à une vitesse constante ; elle a adopté un rythme particulier valable pour tous les coefficients et toutes les amplitudes.

Dans la première heure après l'étale de basse mer, elle montera de un douzième de son amplitude ; durant la deuxième heure, de deux douzièmes ; la troisième heure, trois douzièmes ; la même chose la quatrième heure puis, la cinquième heure, deux douzièmes, la sixième heure un douzième. Au jusant, elle baissera de la même manière.

Telles sont les composantes et les variables de ce jeu subtil mais passionnant auquel le navigateur côtier est sans cesse confronté.

Mouillage forain aux Glénans. Le coefficient de marée est, ce jour-là, de 110. Le voilier a prudemment déserté la « Chambre » (mouillage habituel) pour rester à l'extérieur de l'archipel. À basse mer il lui eût été impossible d'appareiller à l'heure prévue tant le lagon se vide. Et personne ne sait exactement combien il recèle de hauts fonds (sournois) et de cailloux (redoutables).

LE VENT DE MER QUI NOUS TOURMENTE...

Il a tant été dit, écrit et même chanté sur le vent – le vent « dur et salé » cher à Maupassant – qu'on pourrait s'interroger sur la nécessité d'en parler encore une fois. Le vent est le moteur de la voile. Sans vent, le voilier reste planté sur une plaine vitrifiée ; le gréement geint, les voiles battent, les membrures craquent ; le temps suspend son vol parce que le vent retient son souffle. Et le marin attend, solitaire et vaguement inquiet, l'arrivée de la risée salvatrice. À ces moments de calme blanc, la naviga-tion se met entre parenthèses ; quelque chose de contre nature est en train de se produire, le malaise s'installe sournoise-ment à bord, et la mer, tachée de moires miroitantes, paraît suffoquer. Sans le vent, la voile agonise.

La force et la finesse

Au contraire, lorsque le vent forcit et monte en puissance, la rafale s'annonce de loin ; elle court sur la mer, hurle dans

C'est l'aube. La nuit a été dure. Le croiseur a longue-ment lutté contre un vent défavorable. L'équipage est fatigué et quelque peu humi-de... Il n'est pourtant pas question de céder au vent de mer, qui s'acharne à le tour-menter. Dans ces circonstan-ces, il se trouve toujours un équipier impertinent pour rappeler que dans « plaisan-ce » il y a « plaisir »...

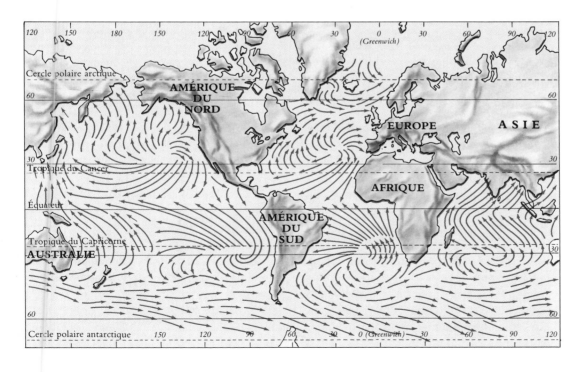

Planisphère des vents océani-ques du mois de juillet (d'après le Bulletin de l'Ins-titut océanographique).

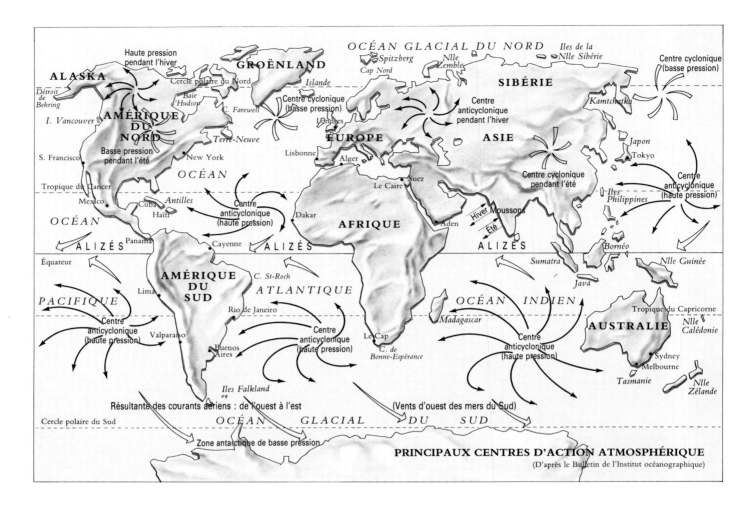

Carte : Principaux centres d'action atmosphérique (D'après le Bulletin de l'Institut océanographique)

OCÉAN GLACIAL DU NORD

Haute pression pendant l'hiver — ALASKA — Détroit de Behring — I. Vancouver — AMÉRIQUE DU NORD — S. Francisco — Tropique du Cancer — Mexico — OCÉAN — ALIZÉS — Panama — Équateur — PACIFIQUE — Centre anticyclonique (haute pression) — Valparaiso — Lima — AMÉRIQUE DU SUD — Rio de Janeiro — Buenos Aires — Iles Falkland — Cercle polaire du Sud

Basse pression pendant l'été — Cercle polaire du Nord — Baie d'Hudson — C. Farewell — Terre-Neuve — New York — Cuba — Haïti — Antilles — OCÉAN — OCÉAN — Cayenne — ATLANTIQUE — C. St-Roch — Centre anticyclonique (haute pression)

GROENLAND — Islande — Centre cyclonique (basse pression) — Londres — EUROPE — Lisbonne — Alger — Le Caire — Suez — Dakar — AFRIQUE — Aden — ALIZÉS

OCÉAN GLACIAL DU NORD — Spitzberg — Cap Nord — Nlle Zemble — Iles de la Nlle Sibérie — SIBÉRIE — Centre cyclonique (basse pression) — Kamtchatka — Centre anticyclonique pendant l'hiver — ASIE — Japon — Tokyo — Centre cyclonique pendant l'été — Iles Philippines — Centre anticyclonique (haute pression) — Hiver Moussons Été — ALIZÉS — Bornéo — Sumatra — Java — Nlle Guinée

Le Cap — C. de Bonne-Espérance — OCÉAN INDIEN — Madagascar — Centre anticyclonique (haute pression) — AUSTRALIE — Tropique du Capricorne — Nlle Calédonie — Sydney — Melbourne — Tasmanie — Nlle Zélande

Résultante des courants aériens : de l'ouest à l'est — (Vents d'ouest des mers du Sud) — OCÉAN GLACIAL DU SUD — Zone antarctique de basse pression

PRINCIPAUX CENTRES D'ACTION ATMOSPHÉRIQUE
(D'après le Bulletin de l'Institut océanographique)

des registres graves, s'élance et bouscule le bateau qui encaisse le coup comme un boxeur sur le ring ; il s'efface sous le choc, s'incline, s'ébroue, puis se redresse. Cette fois, le voilier combat, gréement souqué par l'effort, voiles raides comme des tôles, pont oblique dans le tumulte. Un beau combat, loyal mais sans merci. Sans issue non plus puisque, depuis la nuit des temps, la vieille marine et l'océan règlent un compte qui jamais ne finira.

Sans le vent, point de civilisation hier, point de plaisir aujourd'hui. Où en seraient nos sociétés si les Vikings n'avaient sillonné l'Occident, si Cook et Bougainville n'avaient fait le tour du monde, si les jonques n'avaient transporté le riz nourricier, les voiliers du Nil traversé le désert, les clippers rapporté la laine, le thé, le blé ou l'étain, si le « grand métier » ou la petite pêche n'avaient jamais existé ? Pendant des millénaires, le voilier fut – grâce au vent – l'instrument majeur des échanges, des conquêtes et de la connaissance.

De nos jours, le marin de plaisance traite avec le vent sur un tout autre mode. Le vent est devenu – paradoxe ! – une énergie « douce » avec laquelle il entretient un commerce ambigu. D'un côté, il convoite sa puissance ; de l'autre, il la redoute. Sa stratégie consiste à ruser avec lui, à l'exploiter, à le contenir et à se défier de ses coups de gueule qui sont parfois des coups de boutoir. Jeu délicat, sensuel, grisant et quelque peu effrayant, qui oblige à mesurer ses limites. Si l'on refuse ce jeu-là, il ne faut pas aller sur mer.

Aux sources du vent

Les vents sont déterminés par les centres d'action (anticyclones et dépressions) qui se développent dans l'atmosphère. En règle générale, ils tendent à s'écouler des régions de hautes pressions vers les régions de basses pressions ; leur direction est fonction de la forme éminemment mouvante adoptée par les centres

d'action, d'où leur instabilité, tant en force qu'en orientation.

Comme il existe des quantités de centres d'action à la surface de la Terre, ceux-ci génèrent des vents plus ou moins locaux et constants. Un simple coup d'œil sur une carte des vents montre l'ampleur de ces phénomènes qui se développent dans toute l'épaisseur de la couche atmosphérique.

La circulation générale du vent autour de la planète s'effectue par « tranches » symétriques dans chaque hémisphère : trois dans le nord et trois dans le sud, avec une septième tranche au niveau de l'équateur. Les trois tranches correspondent aux régions : polaires, tempérées, tropicales ; la septième est la région équatoriale. Curieusement, les vents dominants alternent dans chaque tranche :
– aux pôles (hautes pressions), vents dominants d'est ;
– régions tempérées (hautes pressions), vents dominants d'ouest ;
– régions tropicales (hautes pressions), vents dominants d'est (les alizés) ;

– région équatoriale (basses pressions), vents calmes ou irréguliers.

C'est là, du moins, la règle théorique et simplifiée ; en réalité, la circulation est beaucoup moins régulière du fait de phénomènes thermiques, constants ou occasionnels, dus, notamment, aux saisons. Mais, plus que la circulation générale du vent, ce qui intéresse le marin de plaisance, ce sont les mécanismes locaux donnant au vent sa force, son orientation et sa durée au niveau de la mer ; que le vent calmisse ou fraîchisse, qu'il remonte ou non, qu'il adonne ou refuse et tout change à bord : la manœuvre, le réglage et le confort... Car le vent détermine deux données parfois antagonistes mais capitales en navigation : l'énergie dont disposera le voilier pour avancer ; l'état de la mer sur laquelle il se déplacera.

Pour se doter de références, pour communiquer et, si possible, se comprendre, les marins disposent d'une classification des forces du vent. C'est la célèbre échelle de Beaufort.

Parfois, la malignité du vent dépasse les bornes. De quelle insidieuse façon s'y est-il pris pour transformer une manœuvre banale en manœuvre démente ? Pourtant les faits sont là, et la voilure court de grands risques ; il est très probable que ce magnifique spinnaker ne sortira pas indemne de l'aventure. Mais, au fait, le vent a peut-être trouvé quelques complices obscurs parmi les membres de l'équipage. Cela s'est vu !

L'échelle de Beaufort n'est pas un banal tableau constitué de chiffres estimatifs et de démonstrations abstraites. Au contraire, à chacun de ses degrés correspond un paysage marin et des conditions de navigation tout à fait concrètes, presque stéréotypées.

CHIFFRE BEAUFORT	TERME DESCRIPTIF	VITESSE DU VENT À 10 M DE HAUTEUR	
		NŒUDS	KM/H
0	Calme	< 1	< 1
1	Très légère brise	1-3	1-5
2	Légère brise	4-6	6-11
3	Petite brise	7-10	12-19
4	Jolie brise	11-16	20-28
5	Bonne brise	17-21	29-38
6	Vent frais	22-27	39-49
7	Grand frais	28-33	50-61
8	Coup de vent	34-40	62-74
9	Fort coup de vent	41-47	75-88
10	Tempête	48-55	89-102
11	Violente tempête	56-63	103-117
12	Ouragan	64 et plus	118 et plus

ÉCHELLE ANÉMOMÉTRIQUE BEAUFORT

Ainsi, par vent nul (force 0), la mer est dite calme ; en réalité, elle se présente comme un immense miroir d'une impressionnante immobilité. Il est impossible de naviguer à la voile, quelle que soit la taille du bateau ; les planches à voile comme les croiseurs hauturiers sont soudés au miroir ; rien ne bouge dans le silence ; c'est l'heure de la baignade.

Si le moindre souffle intervient (force 1 ; 1 à 3 nœuds), la mer s'anime ; les petits dériveurs et les planches démarrent, les grands voiliers envoient leur spi ou leur goster, mais les plus lourds bougent à peine.

Force 2 (4 à 6 nœuds) : cette fois, dériveurs légers, multicoques de sport et planches tracent leur sillage ; les croiseurs s'ébrouent lentement. Dans le haut de force 2, l'étrave des petits bateaux commence à chanter.

À force 3 (7 à 10 nœuds), c'est la plénitude sur le plan d'eau ; tous les voiliers voguent allégrement. Pour les petits, c'est déjà une bonne brise ; pour les plus gros, cela suffit pour tailler une bonne route.

À force 4, les skippers d'*Optimists* regagnent sagement le rivage, les équipiers des catamarans de sport sont au rappel ; ceux des dériveurs légers, au trapèze. Ça commence à « pulser » (de 11 à 16 nœuds)... Au large, les croiseurs gîtent et foncent dans le clapot qui se forme.

Force 5 (17 à 21 nœuds) : trop de vent pour les petits voiliers et les planches, qui ont déjà regagné la plage ; seuls quelques experts poursuivent leur démonstration. Les petits croiseurs ont réduit la toile (un ris dans la grand-voile ou changement de foc) ; les croiseurs moyens et hauturiers profitent de cette bonne brise pour gagner des milles à 6 ou 7 nœuds.

Au-dessus (force 6), le vent devient frais (22 à 27 nœuds) ; il faut encore réduire sur les croiseurs côtiers, dont les skippers se préoccupent de savoir s'il y a un port sous le vent : on ne sait jamais... Sur les croiseurs moyens, on commence à réduire ; les gros encaissent sans broncher. Sur la plage, seuls quelques « champions » de planche s'entêtent malgré l'embrun.

À force 7 (28 à 33 nœuds), les choses deviennent sérieuses. Avis de grand frais... Les petits croiseurs gagnent en hâte un abri sûr ; les moyens réduisent encore ; les plus gros commencent à le faire. La mer se forme.

Avis de coup de vent 8 à 9 (34 à 47 nœuds). Les croiseurs légers sont au port ; les croiseurs moyens sont au bas ris, et ceux de haute mer ont nettement amené les voiles. La mer est formée, elle écume, sombre et creuse...

Au-dessus... c'est la tempête (48 à ...? nœuds). Chacun fait ce qu'il peut, à sec de toile, à la cape ou en fuite ; les heures sont longues et humides ; inquiétude, mal de mer, bateaux et équipages naviguent en temps de misère...

Plus que l'origine plus ou moins obscure du vent, c'est sa puissance qui préoccupe le marin. Mais, pour profiter de ce vent mystérieux (ou pour en

limiter les méfaits), il doit encore apprendre ce qui régit son comportement ; ce n'est pas une mince affaire, d'autant – comme le dit l'humoriste – qu'on ne sait pas très bien si le vent dépend du temps qu'il fait ou si le temps qu'il fait dépend du vent. Une chose demeure certaine : pour comprendre quelque peu le vent au ras des flots, il faut prendre en compte des phénomènes se développant très loin dans l'espace et dans le temps ; encore ne peut-on en avoir qu'une idée très générale, puisque nous n'en percevons qu'une infime partie.

Semer le vent...

Le temps (météorologique et océanique) résulte de la rotation de la Terre, des saisons, des caprices des centres d'action, etc. Ce sont d'amples développements liés à la grande mécanique céleste. Ils passent – c'est le cas de le dire – bien au-dessus de la tête du marin de plaisance. Pour lui, les choses commencent avec l'affrontement des masses d'air qui constituent notre atmosphère.

Ces masses d'air (chaud, froid, humide...) sont en lutte permanente : de densités différentes, elles se côtoient, se cognent, se soulèvent ou s'aplatissent

Page de gauche : entre le ciel et l'eau, la grande aile s'est déployée pour maîtriser le vent. Et son jeu est si subtil qu'on pourrait croire que le bateau n'existe plus...

En Méditerranée, chaque vent a son nom propre selon sa localisation, sa direction ou d'autres caractéristiques. Il y a les vents froids et secs (par exemple le mistral ou la bora), les chauds et secs (tels le sirocco ou l'autan), ceux qui annoncent la pluie (comme le levant ou le marin)...

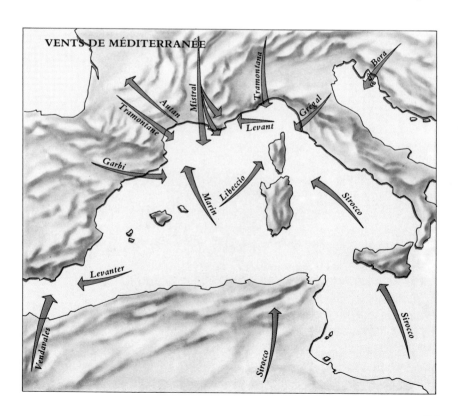

mais ne se mélangent pas, et toutes cherchent à gagner du territoire sur leur voisine. Il en résulte une belle empoignade, traduite par le mouvement des nuages entraînés dans une mêlée sans fin. En réalité, les masses d'air changent de caractéristiques et se mélangent peu à peu, mais si lentement que tout le monde (y compris les scientifiques) les considèrent comme homogènes.

L'air est principalement constitué d'azote et d'oxygène ; il contient une certaine quantité d'eau (1) le rendant plus ou moins humide (vapeur d'eau). Il pèse un poids variable selon sa composition ; le sol – et la mer – subissent donc une certaine pression : c'est la pression atmosphérique du lieu considéré (elle correspond au poids de la colonne d'air au-dessus de ce lieu). Pour mesurer cette pression, l'unité utilisée est l'hectopascal.

Au niveau de la mer, la pression moyenne est de 1 013 HPA, soit 760 millimètres de mercure.

Le phénomène le plus intéressant se produit lorsque deux masses d'air se

(1) On a calculé que, chaque année, le Soleil vaporise une couche de mer de 4 m d'épaisseur.

De haut en bas, comment se forme une perturbation : il y a coexistence pacifique de l'air chaud et de l'air froid sur le front polaire stationnaire. Mais des ondulations frontales apparaissent entre les deux sortes d'air. Un coude se forme bientôt : il s'agit du centre de la dépression naissante. Dans le centre de la dépression, les deux courants d'air forment une spirale : c'est la dépression.

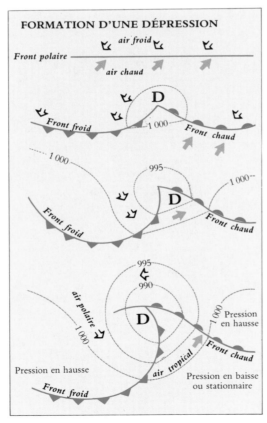

FORMATION D'UNE DÉPRESSION

rencontrent ; leur ligne de contact forme un front, au sens militaire du mot. C'est à partir de ce front que s'établissent la plupart des perturbations intéressant les régions européennes. Ce front limite, sous nos latitudes, les masses d'air polaire et d'air tropical ; mises en contact, elles engagent la bataille. D'escarmouche en escarmouche, chaque masse d'air gagne ici, mais perd un peu plus loin. Le front ondule. Chaque adversaire lance alors de nouvelles forces dans le conflit ; l'ondulation s'accentue encore. Puis arrive le moment où c'est l'offensive générale. L'ondulation se transforme en dents de scie, chaque masse d'air pénétrant dans le territoire de l'autre. Le ciel s'anime. Un vaste mouvement se dessine, dans lequel apparaît un front antérieur et un front postérieur. L'air chaud semble pousser devant lui le front antérieur (front chaud) ; sur le front postérieur, c'est l'inverse, l'air froid poussant devant lui l'air chaud et créant un front froid. Puis le mouvement cyclonique s'amorce, les fronts vont s'enrouler l'un autour de l'autre, formant une sorte de « spirale de fronts » ; le tourbillon est amorcé : c'est la dépression.

... et récolter la tempête

Tout en tournant sur elle-même, la dépression se déplace (d'ouest en est sous nos latitudes) à raison de 1 000 kilomètres environ par vingt-quatre heures. Dès qu'elle s'amorce, le marin de plaisance devra prendre ses dispositions, tant matérielles que stratégiques, parce qu'une dépression apporte vent, pluie, vagues et la cohorte des heures sombres que l'on nomme le mauvais temps.

En réalité, la génèse d'une dépression est beaucoup plus complexe encore ; mais ce qui nous intéresse ici, ce sont davantage les effets pratiques du phénomène que les conditions, souvent fort éloignées (plusieurs centaines de kilomètres), qui l'ont amorcé.

Seul face à la vague, le navigateur va devoir étaler le coup de torchon qui s'annonce... La nature est bonne fille (au moins sous nos latitudes) et elle ne modifie jamais les conditions atmosphériques sans nous adresser un clin d'œil

complice. Encore faut-il savoir comment l'interpréter.

Au passage d'une perturbation, le système nuageux qui l'accompagne adopte généralement un ordre caractéristique. Lorsqu'apparaît tel nuage suivi de tel autre, on peut en déduire à quelle phase du phénomène nous nous trouvons. Voyons donc dans quel ordre défilent les nuages.

C'est l'été ; il fait beau ; le voilier trace joliment sa route par force 3... Il est 11 heures. Dans le ciel apparaissent quelques fils d'argent, d'aspect inoffensif. Ce sont des cirrus ; ils envahissent le ciel ; le vent tourne au sud ; le baromètre commence à descendre. Les cirrostratus couvrent le ciel d'un voile régulier qui va s'épaississant, puis ils sont remplacés par des altostratus ; le baromètre baisse rapidement. Il pleut ; le vent forcit et passe à ouest-sud-ouest. C'est le mauvais temps.

Tout s'est passé extrêmement vite : il est à peine 20 h 30.

Pluie et rafales vont continuer pendant quelques heures ; dans la nuit, pourtant, le voile se déchire, la lune apparaît par instants ; le baromètre remonte. Serait-ce la fin de la perturbation ? Pas encore. Le ciel se couvre de nouveau, le vent passe au nord-ouest, de violentes averses se succèdent ; ce sont les cumulus et cumulonimbus qui se bousculent. Peu à peu, les grains s'espacent ; les cumulus sont moins gros, les éclaircies s'élargissent. Tout montre que le beau temps revient. C'est l'aube.

Vision d'apothéose durant la course du Sorc. Poussé par une bonne brise sur la mer formée, ce voilier invisible domine les événements. On devine la maîtrise (et la joie) d'un équipage chevauchant une telle monture et courant vers un but encore lointain. Ce jour-là, le vent avait choisi son camp.

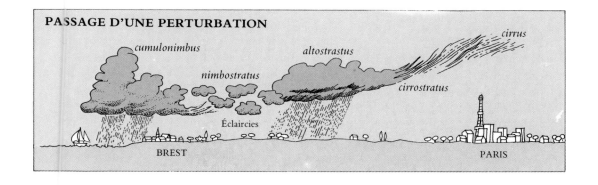

PASSAGE D'UNE PERTURBATION

cumulonimbus · nimbostratus · altostrastus · cirrostratus · cirrus · Éclaircies · BREST · PARIS

Privés de baromètres et de communications radio, les grands anciens de la marine en bois n'avaient d'autres recours pour estimer le temps à venir que leur expérience et leur sens de l'observation...

La grande famille

Les météorologistes ont classé les nuages en grandes familles réparties en trois catégories selon leur altitude :
– couche basse (entre le sol et 2 kilomètres d'altitude) ;
– couche intermédiaire (de 2 à 6 kilomètres d'altitude) ;
– couche supérieure (au-delà de 6 kilomètres, et jusqu'à 10 et plus).

On trouve dans les trois couches de nuages :
– les *stratocumulus* s'étalant en nappe, elle-même constituée de couches superposées ; par endroits apparaît le ciel. Ces nuages se développent généralement à l'arrière d'un front froid ;
– les *stratus*, les plus bas et les plus uniformes de tous les nuages ; ils se créent parfois à partir du brouillard, auquel ils ressemblent beaucoup ;
– les *altocumulus* (composés de gouttelettes d'eau) formant une nappe de gros flocons blancs ou gris. Ils peuvent annoncer la pluie si certains de leurs composants présentent une grande extension verticale ;
– les *altostratus* qui couvrent le ciel d'un voile mince et ne laissent voir le soleil que comme à travers un verre dépoli. S'ils deviennent de plus en plus épais, c'est que la pluie n'est pas loin...
– les *cirrus,* filaments plus ou moins échevelés apparaissant comme crayonnés en blanc sur le bleu du ciel. Ce sont des nuages de glace. Ils annoncent l'approche d'une perturbation, donc le vent et la pluie ;
– les *cirrocumulus* se présentant sous forme d'un rassemblement de petites pommes ou billes se fondant parfois les unes dans les autres ; ils peuvent aussi adopter une disposition d'une curieuse régularité. Ils annoncent l'arrivée d'un front chaud ;
– les *cirrostratus,* étalés en voile laiteux très fin dans la haute atmosphère ; le

soleil reste visible en transparence. Ces nuages annoncent la pluie.

Dans les trois couches à la fois :
– les *cumulus* (2 500 à 13 000 mètres), ces gros choux-fleurs très caractéristiques, avec un sommet brillant et une base assez sombre. Peu serrés dans le ciel, ce sont, en été, des « cumulus de beau temps » ; mais s'ils se développent à l'excès, ils peuvent apporter la pluie ;
– les *cumulonimbus,* formidables nuages dont la base est très basse (de 400 à 500 mètres) et le sommet très élevé (de 8 000 à 10 000 mètres). Ils sont sombres et bourgeonnants sous l'effet d'un fort courant ascendant. Ce sont des nuages d'orage, caractérisés par leur sommet en forme d'enclume.

C'est souvent le ciel qui leur tenait lieu d'informateur, et notamment les nuages. De gauche à droite : des cirrus (le mauvais temps approche), des cumulus et des cumulus de beau temps.

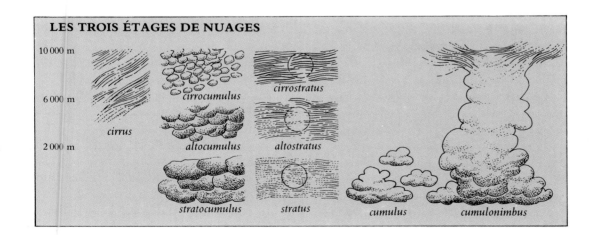

LES TROIS ÉTAGES DE NUAGES

10 000 m

6 000 m

2 000 m

cirrus

cirrocumulus

cirrostratus

altocumulus

altostratus

stratocumulus

stratus

cumulus

cumulonimbus

Cette bousculade n'aura pas été sans conséquence sur la vie à bord ; le vent est monté en force, la mer s'est levée, la pluie a masqué l'horizon et il aura fallu effectuer de multiples manœuvres : prendre un ou plusieurs ris, réduire les voiles d'avant, se relayer à la barre, faire une cuisine sommaire, dormir à la gîte... Le tout dans le grand tintamarre que seule la mer en colère sait déchaîner. Surtout, il aura fallu suivre l'évolution de la dépression et se référer souvent au baromètre qui prédit avec justesse ce qui se passera tout à l'heure. S'il baisse sagement, sans sursaut, égrenant ses hecto-

pascals avec la pondération des instruments qui en ont vu d'autres, pas de crainte : c'est une petite dépression.

Mais si le baromètre hoquète, bat la chamade et dégringole par à-coups, attention, quelque chose de sérieux se prépare : un coup de vent, pour le moins, ou, pis, une chose portant un nom que l'on n'aime pas prononcer à bord. Dès lors, que faire ? En croisière côtière – et si le délai le permet – on peut envisager de se ramasser dans un port sous le vent ; si le temps presse, il faut délibérément faire du large et se dégager de la côte pour essuyer le coup de tabac

hors des dangers. Au large, on ne peut que prendre un maximum de précautions et se préparer à faire le gros dos sous l'averse... En route sous voilure réduite, à la cape ou en fuite avec une toile plus ou moins « sèche » (1), l'équipage est grave, silencieux, un peu tendu et – reconnaissons-le – vaguement inquiet. Tout peut arriver.

Que celui qui n'a jamais vu se dresser sur l'horizon la grande tache sombre du mauvais temps se garde de sourire. Il faut y être pour se rendre compte que, comme le dit le proverbe, « la mer est si grande et le bateau si petit ».

Le vent, comme un bélier fou

À terre, lorsque le vent se déchaîne, que le port de plaisance se met à tinter de mille drisses claquant contre les mâts et que les fils électriques lancent leurs cris suraigus dans le grondement de la tornade, on a l'impression que la nature tout entière perd la raison. Que dire, alors, de ce qui se passe en mer ? Le vent hurle au loin, roule sur la vague dans un bruit de locomotive et fonce comme un bélier fou et invisible... Ses coups de boutoir sont effrayants ; le voilier encaisse, vacillant sous ce matraquage forcené qui s'en prend aux voiles, à la coque, au roof, à tout ce qui se présente... On sait que la force du vent est proportionnelle au carré de sa vitesse ; si la vitesse double, sa pression devient quatre fois plus forte.

En Manche, par une nuit d'automne, nous avons subi des pointes de plus de 55 nœuds de vent ; nous étions heureusement au portant, avec pour toute voilure un unique foc de quelques mètres carrés ; à chaque rafale *Moana* prenait 40° de gîte, en dépit de sa faible prise au vent. Ce fut une nuit sauvage. Plus tard, nous avons fait le calcul à partir des données suivantes :
– un vent de 1 m par seconde donne une pression de 0,125 kg/m^2 ;
– un vent de 2 m/s donne une pression de 0,500 kg/m^2 ;

---

(1) Un bateau « à sec de toile » est un bateau qui a amené toutes ses voiles.

Ce n'est pas le vent des hautes latitudes, même si la brise paraît bien fraîche. Ne nous y fions pas, toutefois : ce voilier a trop de gîte parce qu'il serre le vent de trop près ; ses voisins, plus raisonnables, souffrent moins.

sens inverse des aiguilles d'une montre et se déplaçant suivant l'axe OA. Un navire se trouvant dans le demi-cercle blanc sera moins malmené que celui placé dans le demi-cercle en grisé. Pourquoi ? Parce qu'un point M, situé à gauche de la trajectoire du centre, sera sollicité par deux forces : celle qui produit la rotation MT et celle qui produit la translation MT' ; ces deux forces agissent en sens inverse, la seconde diminuant l'intensité de la première ; la résultante sera égale à leur *différence*. Les choses changent à droite de la trajectoire ; en M', les deux forces M'V et

VV' se conjuguent et la résultante est égale à leur *somme*. La tornade y est sensiblement plus forte. C'est pourquoi les marins divisent le cercle en deux moitiés : l'une, dite « demi-cercle maniable », et l'autre, « demi-cercle dangereux ». D'où deux nécessités absolues pour les capitaines :
– sortir du demi-cercle dangereux pour gagner le demi-cercle maniable ;
– éviter absolument de se trouver sur le passage du centre, où la saute brutale du vent « cap pour cap » (180°) risque d'être fatale au navire, d'autant que le régime de vagues engendré par les vents

40

tournants est incohérent et dangereux (lames courtes, hautes, croisées).

Au surplus, il est recommandé de ne pas adopter l'allure du vent arrière, qui ramènerait irrémédiablement le voilier sur le passage du centre.

Tout cela est bel et bien, mais, en dépit de l'avis des experts, on se demande vraiment ce que peut espérer un croiseur moyen confronté à des conditions de navigation qui, probablement, dépassent l'imagination de son skipper ! Il y a pourtant des exemples de petits voiliers ayant traversé un cyclone et qui s'en sont sortis; pas intacts, certes, mais à flot... Le mieux est, à l'évidence, de bien calculer sa route, d'éviter les zones incertaines et d'exploiter sérieusement ses informations météo.

Cela vaut pour les cyclones mais également pour les tempêtes ordinaires; aujourd'hui, il est possible au navigateur de rassembler un grand nombre d'informations sur les zones qu'il doit traverser, informations générales, locales ou ponctuelles. C'est le miracle de la communication et de la navigation électronique : nous en reparlerons plus loin. Mais, parmi la masse des documents disponibles pour préparer une grande traversée, il est certain que les « Pilots Charts » comportent à elles seules l'essentiel de ce qu'il faut savoir. Ces cartes pilotes, dont les premières ont été éditées par l'Hydrographic Office of Washington, rassemblent tous les renseignements pratiques nécessaires sur chaque portion d'océan. Toutes les mers du globe ont été « découpées » en quadrilatères facilement identifiables (5° de longitude et 5° de latitude) dans lesquels sont indiqués : les vents dominants, leur direction, leur force et le pourcentage des chances de calme, la trajectoire des cyclones et la limite des glaces flottantes. Et comme ces données sont éminemment variables selon les époques, il existe une carte pour chaque mois de l'année, ce qui affine considérablement la prévision.

Ajoutons que tout cela est indiqué à partir d'un code visuel très pratique qui permet, d'un seul coup d'œil, de juger de l'ensemble des caractéristiques d'une région maritime.

Ce sont des documents de toute première utilité, auxquels tous les navigateurs conséquents se réfèrent en priorité. En leur nom, nous ne pouvions moins faire que saluer ici leur inventeur, le marin et savant américain Matthew Fontaine Maury. Voilà qui est fait...

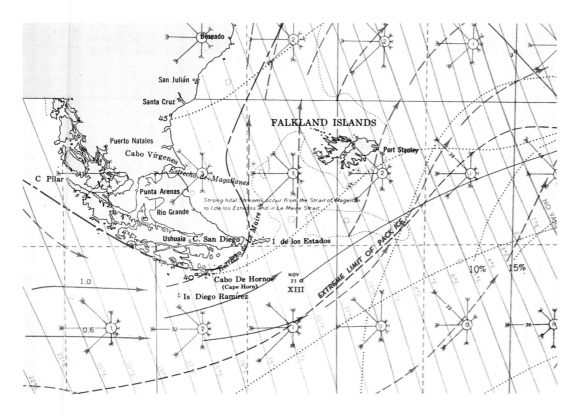

Extrait de « Pilots Charts » au voisinage du cap Horn... Vents forcenés, mers déchaînées, brumes épaisses, glaces, rien ne manque à cette région maritime pour exprimer la désolation. Les anciens disaient « le Cap dur » pour parler du cap Horn...

LONGUES HOULES ET BRISANTS...

Lorsqu'on se reporte au mot « vague » du célèbre « Dictionnaire de la marine à voile » de Bonnefoux et Paris, édité au XIXe siècle, on ne trouve que cette explication dédaigneuse : « Les marins disent lames au lieu de vagues ou de flots. » Dix mots, à peine une ligne ; c'est tout. En revanche, si l'on considère le mot « lame », les auteurs nous proposent force détails en une page entière d'explications. Ils donnent entre autres cette définition quasi définitive : « Les lames sont des élévations momentanées et successives de parties de la mer qui acquièrent, quelquefois, un grand développement, qui déferlent ou brisent à leur sommet avec plus ou moins de violence suivant la force du vent, qui peuvent causer des avaries majeures aux navires exposés à leur choc, et qui produisent à bord des oscillations souvent très considérables et fort nuisibles. » Tout paraît être dit, ou presque...

Pourtant, on ne peut en rester là ; pour qui a eu l'occasion de voir la mer lisse à l'infini, immobile, puis, plus tard, déchaînée, charriant le bruit et la fureur sans aucune mesure, les vagues (ou les lames) méritent une autre explication. Quand une déferlante se dresse en une reptation inquiétante et s'effondre dans le cockpit avec un grognement de bête, il s'agit bien d'une « élévation momentanée d'une partie de la mer », mais de tout autre chose aussi quand la vague a percé comme du carton la jetée de Port-Maria, à Quiberon, quand elle a rasé le phare d'Edystone, coulé le « Pamir », culbuté le bateau des Smeeton..., pour ne prendre que quelques exemples.

Il y a aussi une explication moins rationnelle, liée aux vieilles terreurs de notre inconscient face à l'inconcevable. Une explication non encore déchiffrée et qui ne pourra l'être que par chacun de nous. Individuellement et en son temps.

Les anciens appelaient la mer « la peau du diable ». Ce n'est pas qu'une métaphore audacieuse. Il y a dans l'assaut de l'océan, dans son indifférence au destin humain quelque chose d'obscur, lié à l'origine du monde et au sens même de notre vie.

Filles du vent

Si l'on veut se montrer rationnel, la vague, la lame, la houle naissent de phénomènes simples que d'éminents savants ont compliqués en les mettant en équation. Mais le mécanisme de leur formation, leur développement et leur disparition est d'un banal accompli.

Fût-elle de mer, l'eau n'est qu'un fluide ; soumis à aucune influence, il reste stable, attiré seulement vers le centre de la Terre. Mais si, pour une raison ou pour une autre, ce fluide si tranquille reçoit des impulsions, il peut s'animer de façon intéressante. Les courants nés des différences thermiques, les ondes de marées, les tremblements de terre sous-marins ou, plus couramment,

Voici l'état de la mer par force 12 ; ici, dans le détroit de Magellan... Tout commentaire serait superflu. Regardez. Personne, au moins parmi ceux qui ont tant soi peu tâté de la mer, ne pourra réprimer une impression de respect devant les éléments en délire. Mais ce dont il faut aussi se souvenir, c'est que derrière l'objectif il y avait un homme ; un grand marin, un grand photographe.

le vent lui impriment des mouvements apparents ou non, mais quasi permanents. Les vagues résultent de ces phénomènes ; elles sont principalement formées par l'action du vent. C'est lui qui, par frottement sur la surface de l'eau, crée ces petites rides qui, peu à peu ou brusquement, se creusent, s'amplifient, se transforment en clapot nerveux, en lames puissantes ou en houle majestueuse. C'est de son travail, de son calme ou de sa colère que dépend, en premier lieu, l'état de la mer. D'autres facteurs peuvent y contribuer, mais leur action reste secondaire.

Les grandes houles observées sur les océans résultent de phénomènes locaux ayant eu lieu parfois à des milliers de kilomètres et dont l'action se propage sur de vastes étendues. Même s'il n'y a

pas de vent, la mer présente une ondulation de grande amplitude (dépassant parfois 200 ou 300 mètres), avec des creux pouvant atteindre 8 mètres dans nos régions ; mais le mouvement est lent, l'ondulation, très tendue, et le voilier bouchonne sans cesse. Il est toujours impressionnant de voir se dresser ces montagnes d'eau qui dominent le bateau puis glissent sous lui de toute leur puissance, entraînant hommes et choses dans un mouvement régulier de montagnes russes.

Les grandes houles sont inoffensives ; elles courent sur des quartiers entiers de la planète, bosselant les eaux de leur onde fugitive. Car c'est bien d'une onde qu'il s'agit, d'un phénomène vibratoire animant des masses énormes, mais sur place. Notre œil nous trompe. La houle

La principale qualité d'un bateau est d'être « marin ». C'est-à-dire apte à bien tenir la mer ; par jolie brise… et par brise fraîche. Sa longueur est une donnée plutôt secondaire. La preuve : ce vieux gréement de dimensions respectables soumet son équipage à rude épreuve et ce n'est pas cet équipier de pont auréolé d'embruns qui prétendra le contraire.

45

Quand le vent fraîchit un peu trop, il devient nécessaire de prendre de grandes — ou de petites — décisions. Là, il serait temps de se décider à fermer la descente...

contribuer à lever localement une mer plus difficile que la *mer du vent*, expression qui désigne l'état *normal* de la mer, la nature et la hauteur de ses vagues en fonction de l'action du vent.

Le responsable de ces phénomènes locaux est souvent le courant à l'embouchure des fleuves, ou les courants de marée dans les passes ; mais les vagues peuvent aussi se modifier en fonction du profil des fonds sous-marins. Lorsque les fonds remontent soudainement, les mouvements ellipsoïdaux dont nous venons de parler cessent d'être réguliers ; les vagues se trouvent « freinées », leur hauteur augmente, leur cambrure s'affirme ; elles se dressent et déferlent. Ce sont les brisants, caractéristiques des hauts fonds, redoutables et redoutés par tous les marins du monde. « Brisants devant ! » : c'est le cri d'alerte, l'appel à la manœuvre ultime...

Il n'y a pas que les brisants pour lever la mer... L'une des modifications les plus spectaculaires survient lorsque les vagues et le vent qui les pousse se heurtent à un courant contraire ; le vent agit dans un sens, et le courant dans

LES VAGUES DANS LA LÉGENDE

« *La mer d'eau salée est un corps vivant. Pendant le jour, elle dort. Les houles sont les grands frissons qu'elle fait passer sur sa peau pour s'empêcher de pourrir. Mais elle dort jusqu'au fond. Ainsi frissonnent tout debout les chevaux qui dorment.*

« *La mer s'éveille à mesure que le soleil descend en elle et la réchauffe, un soleil vert qui lui sert de cœur et qui est pour elle comme le jaune pour le blanc de l'œuf. C'est la nuit pour nous. Mais la mer enfle une rumeur dans ses entrailles. Elle appelle. Un écho lui vient des rochers et des cavernes du rivage où sont cachés les dragons vaincus, les serpents écailleux que les saints ont touché de l'étole. Alors se dressent, sur les vagues, les morganes et les filles-poissons qui déchaînent la tempête quand notre œil les découvre. Alors s'ébranlent les cloches des cités englouties. Et c'est aussi l'heure où se lève, d'entre les galets du rivage, l'esprit Jannig an Od.* »

Pierre-Jakez Hélias,
Bretagne aux légendes

l'autre… Il y a conflit, turbulence, mouvement irrégulier. Les vagues se trouvent ralenties, leur longueur diminue, leur hauteur augmente ; elles se dressent de plus en plus et, finalement, déferlent. Cette mer hachée, abrupte, agressive peut se révéler dangereuse pour un petit yacht. C'est pourquoi il est recommandé de ne jamais tenter de passer le raz de Sein, par exemple, par vent et courant contraires : de puissantes déferlantes de trois mètres de hauteur brisent sans répit… Il faut dire que cet endroit cumule les deux caractéristiques : hauts fonds et, éventuellement, « vent contre courant ».

Les barres obéissent à des phénomènes du même ordre. Un courant (dans une embouchure, par exemple) s'oppose aux vagues et au vent ; le conflit est obligatoire, même s'il reste très localisé. La barre d'Étel, impressionnante et dangereuse, en est la plus parfaite illustration : à chaque marée, le courant de la rivière se heurte à l'onde de flot dans un joli bouillonnement qui, selon l'orientation du vent, déplace peu ou prou le banc de sable sous-marin.

Les vagues sont donc générées par des ondes qui ont un comportement tout à fait comparable à celui des ondes acoustiques ou lumineuses ; elles sont notamment soumises à des phénomènes de diffraction, butent sur des obstacles et rebondissent parfois à la manière d'une boule de billard, prenant à revers un mouillage que l'on croyait bien abrité derrière une pointe. Parfois le train de vagues se disloque contre une falaise ou une jetée et repart obliquement ou en arrière, créant un ressac agressif en butant contre les vagues qui arrivent. La mer devient alors complètement désordonnée, comme en état d'ébullition…

Finalement, l'onde poussant la vague peut se livrer à toutes sortes de facéties dès lors qu'elle est réfléchie par un obstacle quelconque. Par beau temps, elle compose de jolis jeux d'eau, croisant ou superposant des trains d'ondes inoffensifs. Lorsque le temps se gâte, elle peut créer un redoutable maelström dont il faudra se méfier, mettant ainsi en application le proverbe : « Redoute le taureau par devant, le cheval par derrière et la mer de tous les côtés… »

…Et puis voici l'une de ces images extraordinaires que seul le jeu fugace de la mer et des spi peut faire éclore. Cette corolle posée sur l'eau n'a duré qu'un instant…

VOILIERS D'AUJOURD'HUI

Aujourd'hui, les ordinateurs dessinent des voiliers. Cela porte même un nom : CAO, conception assistée par ordinateur. On « visualise » des prototypes en trois dimensions, on va plus vite qu' « avant » ; on évite des erreurs et multiplie les variantes... Assistés de leur « grouillot » informatique, des architectes renommés, ni doux dingues ni marginaux de la profession – le promoteur en fut Jean-Marie Finot –, projettent sur ordinateur leurs rêves et la marine de l'avenir. De l'avenir ? Peut-être. De maintenant ? Sûrement. Un micro-ordinateur de base ne coûte que quelques dizaines de milliers de francs. Coulés, Archimède et sa poussée ! Les voiles ne sont-elles pas, elles aussi, dessinées par ordinateur et découpées au laser ? C'est en tout cas un procédé breveté qui fait école. La France est même au premier rang pour la mise au point informatique des voiles et des carènes. On calcule également des courbes de stabilité, des coefficients de portance en fonction de la rugosité, des courbes de coefficients de frottement, on compare les profils. On isole dans des laboratoires-souffleries les facteurs influant sur le rendement des voiles et l'on traduit le tout en angles, en degrés, en indices...

Tous les marins du monde et des siècles passés doivent ricaner tout bas ou se retourner dans leur tombe, selon leur tempérament. Ce qui est sûr, c'est qu'ils doivent penser : laissez-nous souffler en paix, permettez-nous de naviguer en

humant l'air du large et en écoutant le clapot contre la coque ou le chant de la voile. Pensées naïves ? Peut-être pas.

En effet, les quatre clefs, les quatre piliers de l'architecture navale scientifique étaient encore inconnus jusqu'à ces dernières années.

Ainsi, on ignorait, ou presque, la méthode de calcul préalable du déplacement, et la ligne de flottaison participait de l'empirisme.

La puissance motrice du bateau était « calculée » en fonction de la stabilité et non du métacentre.

Tirés par des spi bedonnants et multicolores, ces voiliers en régate entament leur bord de largue. Sérénité et joie de vivre. Pourtant, la compacité du peloton laisse présager une rude bousculade...

À gauche : « À changer de foc ! » Dans une mer déjà formée, l'équipier d'avant va changer la voilure. Moment délicat où il faut de l'adresse et de la vélocité. Depuis le cockpit, l'équipage observe...

logiquement l'empêcher de préférer une voile au tiers...

Laissons là ces variantes pour nous en tenir à l'essentiel : les sept types principaux de voilure dont nous venons de parler. Ce sont aujourd'hui – et de loin – les plus représentatifs, en plaisance moderne. Beaucoup d'autres formules sont tombées en désuétude en raison soit de la faiblesse de rendement de la voile, soit de la complication de leur manœuvre. N'oublions pas que la flotte française est composée à 80 % de bateaux de moins de cinq mètres.

Dis-moi quelle est ta carène...

Une revue spécialisée, *Voiles et voiliers,* a réussi le tour de force de condenser sous forme de dessins l'essentiel de ce qui a été le cauchemar de générations d'architectes et de charpentiers de marine. Ces dessins n'ont pourtant rien d'effrayant ; ils représentent l'évolution, au sens darwinien du mot, d'un animal marin (un poisson) qui aurait décidé de profiter du vent soufflant en surface pour se déplacer. La fonction créant l'organe, sa nageoire dorsale se développe, sort de l'eau, prend le vent, se développe encore, etc., et, au dernier dessin, le poisson est devenu voilier ! Un curieux voilier, moitié oiseau, moitié poisson. Toute l'histoire technologique de la voile est contenue dans ce raccourci saisissant. Et c'est parce qu'un voilier est un drôle d'oiseau, avec une aile dans l'air et l'autre dans l'eau, que Pajot utilise un mât profilé comme empannage d'*Airbus,* ou *Australia* une quille à ailettes...

C'est donc bien logiquement que, si l'on peut classer les voiliers à partir de leur gréement (l'aile dans l'air), il est également possible de le faire à partir de leur carène et de leur « aile » sous-marine, quille ou dérive. CQFD.

Ces planches venues d'ailleurs

Même si la planche n'est pas à proprement parler un bateau, elle n'en reste pas moins un voilier. À ce titre, nous lui devions une place dans cet ouvrage.

En apparence, rien ne distingue une planche à voile d'une autre ; pourtant, deux cents modèles différents sont en vente sur le marché français que des dizaines de fabricants se disputent. Planches polyvalentes, fun, planches de saut, de vitesse, de free-style, de raid, elles ont acquis des caractères propres selon leur usage... et la mode. La planche est, en effet, un produit de mode obéissant à des lois obscures tout autant qu'un engin de sport très élaboré, adapté à une activité, un âge, un style. Il n'empêche que ses composants de base restent des plus limités : un flotteur de 2,50 à 3,90 mètres, un mât (et son pied), une dérive et une voile. Plus une foule d'accessoires indispensables ou inutiles.

C'est pourtant grâce à des composants aussi simples qu'il est possible aux amateurs de planning d'éprouver les joies de la planche. Joies bien réelles, toniques, musclées, pétillantes : oui, la planche ça « décoiffe », ça va vite, ça frime, et c'est sûrement un excellent sport de vacances pour un adolescent. Viendrait-il à l'esprit de comparer les

VOILIERS D'AUJOURD'HUI

Aujourd'hui, les ordinateurs dessinent des voiliers. Cela porte même un nom : CAO, conception assistée par ordinateur. On « visualise » des prototypes en trois dimensions, on va plus vite qu' « avant » ; on évite des erreurs et multiplie les variantes... Assistés de leur « grouillot » informatique, des architectes renommés, ni doux dingues ni marginaux de la profession – le promoteur en fut Jean-Marie Finot –, projettent sur ordinateur leurs rêves et la marine de l'avenir. De l'avenir ? Peut-être. De maintenant ? Sûrement. Un micro-ordinateur de base ne coûte que quelques dizaines de milliers de francs. Coulés, Archimède et sa poussée ! Les voiles ne sont-elles pas, elles aussi, dessinées par ordinateur et découpées au laser ? C'est en tout cas un procédé breveté qui fait école. La France est même au premier rang pour la mise au point informatique des voiles et des carènes. On calcule également des courbes de stabilité, des coefficients de portance en fonction de la rugosité, des courbes de coefficients de frottement, on compare les profils. On isole dans des laboratoires-souffleries les facteurs influant sur le rendement des voiles et l'on traduit le tout en angles, en degrés, en indices...

Tous les marins du monde et des siècles passés doivent ricaner tout bas ou se retourner dans leur tombe, selon leur tempérament. Ce qui est sûr, c'est qu'ils doivent penser : laissez-nous souffler en paix, permettez-nous de naviguer en

humant l'air du large et en écoutant le clapot contre la coque ou le chant de la voile. Pensées naïves ? Peut-être pas.

En effet, les quatre clefs, les quatre piliers de l'architecture navale scientifique étaient encore inconnus jusqu'à ces dernières années.

Ainsi, on ignorait, ou presque, la méthode de calcul préalable du déplacement, et la ligne de flottaison participait de l'empirisme.

La puissance motrice du bateau était « calculée » en fonction de la stabilité et non du métacentre.

Tirés par des spi bedonnants et multicolores, ces voiliers en régate entament leur bord de largue. Sérénité et joie de vivre. Pourtant, la compacité du peloton laisse présager une rude bousculade...

À gauche : « À changer de foc ! » Dans une mer déjà formée, l'équipier d'avant va changer la voilure. Moment délicat où il faut de l'adresse et de la vélocité. Depuis le cockpit, l'équipage observe...

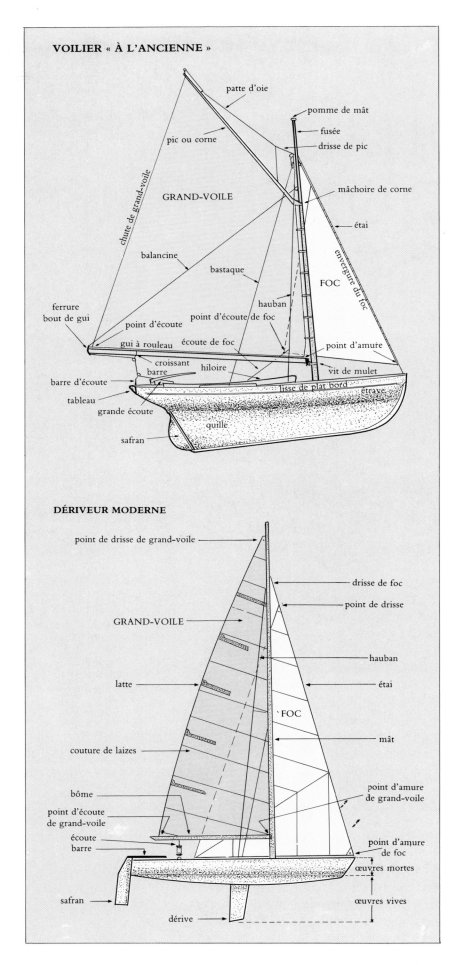

VOILIER « À L'ANCIENNE »

patte d'oie

pomme de mât

fusée

pic ou corne

drisse de pic

chute de grand-voile

GRAND-VOILE

mâchoire de corne

étai

balancine

bastaque

envergure du foc

FOC

ferrure bout de gui

hauban

point d'écoute de foc

point d'écoute

gui à rouleau

écoute de foc

point d'amure

croissant barre

hiloire

vit de mulet

barre d'écoute

lisse de plat bord

étrave

tableau

grande écoute

quille

safran

DÉRIVEUR MODERNE

point de drisse de grand-voile

drisse de foc

point de drisse

GRAND-VOILE

hauban

latte

étai

FOC

couture de laizes

mât

bôme

point d'amure de grand-voile

point d'écoute de grand-voile

écoute

point d'amure de foc

barre

œuvres mortes

safran

œuvres vives

dérive

Les causes de résistance du navire n'étaient pas décelées, les embarcations s'inspiraient « simplement » de la forme des poissons, à la différence des jonques orientales qui, elles, reproduisaient la forme... des canards !

Enfin, la notion de résistance de structure était bien vague...

Pourtant, tous ces bateaux ont navigué et navigueront encore ! Ils dominent les mers et le cœur des hommes depuis des générations. Or existe-t-il, parmi tous les véhicules, un seul au comportement plus complexe que celui d'un voilier ? Pendant des siècles, y a-t-il eu une seule œuvre humaine exigeant des techniques et des technologies aussi diverses et approfondies ? Techniciens et super-techniciens, nous n'avons rien inventé, ou si peu ; tout juste expliqué, adapté, avec nos célèbres « techniques aviation ».

Pour les formes de leurs gréements et de leurs coques ; pour l'infini savoir qu'ils renferment et la connaissance séculaire et universelle, devançant l'ère technique, qu'ils perpétuent, le plaisancier de ce siècle peut être fier et heureux de naviguer sur des voiliers héritiers de la vieille tradition : ils portent en effet les mêmes gréements qu'autrefois, par lesquels on continue à les classifier... et grâce auxquels on les reconnaît.

Dis-moi quel est ton gréement...

La famille des voiliers de plaisance est nombreuse et ses rejetons font tous preuve d'une forte personnalité. Lorsqu'elle se réunit au grand complet, c'est un joyeux rassemblement de jouvenceaux et d'augustes vieillards, de nouveau-nés et de lurons dans la force de l'âge... Chaque branche peut se définir par son gréement, qui est, en quelque sorte, le signe caractéristique permettant, à travers les générations, d'affirmer avec autorité que le petit-fils ressemble à son grand-père.

C'est aujourd'hui jour de fête ; tous sont venus pour la grande parade de la voile. Ils arrivent, en armada serrée. Essayons de faire connaissance et, surtout, de voir ce qui les personnalise.

La planche à voile : un seul mât, une seule voile et un wishbone.

Le *sloop* : un mât unique gréant une grand-voile et un seul foc à la fois, en avant du mât ; c'est le plus courant de tous les voiliers de plaisance.

Le *cat-boat* : un mât unique, la plupart du temps sans haubanage, planté près de l'étrave. Il ne porte qu'une seule voile. Son rendement au près est supérieur à une voile divisée ; on le rencontre d'ailleurs sur des catamarans de sport, type classe C.

Le *cotre* : un mât unique sur lequel on peut établir en même temps deux voiles d'avant : foc et trinquette.

Le *ketch* : deux mâts, dont le mât d'artimon (le plus en arrière) se trouve en avant de l'axe du gouvernail. Son grand avantage est l'utilisation possible d'une voile d'étai d'artimon, lorsque le vent apparent atteint quarante degrés.

Le *yawl* : deux mâts ; il ressemble au ketch mais, contrairement à lui, son mât d'artimon est placé en arrière de la mèche du gouvernail.

La *goélette* : deux mâts (l'artimon est le plus élevé) et, logiquement, sa grand-voile est située le plus en arrière ; c'est le bateau aux « nuages de toile ».

Le jeu du « dis-moi ton gréement, je te dirai qui tu es » peut se compliquer à l'extrême car la plupart de ces bateaux ont la possibilité de gréer des voiles de type différent renforçant leur personnalité et leurs performances. Une goélette peut être équipée de huniers, comme l'*Étoile* et la *Belle-Poule* de l'École navale, ou se contenter de voiles marconi ; un sloop peut avoir la fantaisie d'arborer gréement houari ou marconi, au choix ; un petit cat-boat porte souvent une voile à livarde soutenue par un espar en diagonale, mais personne ne pourrait

La plaisance des « années 80 ». Une rencontre entre la voile ancestrale et les matériaux de pointe (ici, des voiles en Mylar). Image métallisée d'une beauté insolite qui exprime un sentiment de haute performance. N'est-ce pas celui de notre époque ?

Un bateau ? Rien n'est moins sûr. Un voilier ? Sans doute. La planche, « pièce rapportée » de la grande famille de la voile, ne peut prétendre à aucune tradition. D'ailleurs, elle n'en a cure. Fille du surf et de la frime, elle a pourtant suscité un sport difficile et grisant. Mais un sport seulement...

logiquement l'empêcher de préférer une voile au tiers...

Laissons là ces variantes pour nous en tenir à l'essentiel : les sept types principaux de voilure dont nous venons de parler. Ce sont aujourd'hui – et de loin – les plus représentatifs, en plaisance moderne. Beaucoup d'autres formules sont tombées en désuétude en raison soit de la faiblesse de rendement de la voile, soit de la complication de leur manœuvre. N'oublions pas que la flotte française est composée à 80 % de bateaux de moins de cinq mètres.

Dis-moi quelle est ta carène...

Une revue spécialisée, *Voiles et voiliers,* a réussi le tour de force de condenser sous forme de dessins l'essentiel de ce qui a été le cauchemar de générations d'architectes et de charpentiers de marine. Ces dessins n'ont pourtant rien d'effrayant ; ils représentent l'évolution, au sens darwinien du mot, d'un animal marin (un poisson) qui aurait décidé de profiter du vent soufflant en surface pour se déplacer. La fonction créant l'organe, sa nageoire dorsale se développe, sort de l'eau, prend le vent, se développe encore, etc., et, au dernier dessin, le poisson est devenu voilier ! Un curieux voilier, moitié oiseau, moitié poisson. Toute l'histoire technologique de la voile est contenue dans ce raccourci saisissant. Et c'est parce qu'un voilier est un drôle d'oiseau, avec une aile dans l'air et l'autre dans l'eau, que Pajot utilise un mât profilé comme empannage d'*Airbus,* ou *Australia* une quille à ailettes...

C'est donc bien logiquement que, si l'on peut classer les voiliers à partir de leur gréement (l'aile dans l'air), il est également possible de le faire à partir de leur carène et de leur « aile » sous-marine, quille ou dérive. CQFD.

Ces planches venues d'ailleurs

Même si la planche n'est pas à proprement parler un bateau, elle n'en reste pas moins un voilier. À ce titre, nous lui devions une place dans cet ouvrage.

En apparence, rien ne distingue une planche à voile d'une autre ; pourtant, deux cents modèles différents sont en vente sur le marché français que des dizaines de fabricants se disputent. Planches polyvalentes, fun, planches de saut, de vitesse, de free-style, de raid, elles ont acquis des caractères propres selon leur usage... et la mode. La planche est, en effet, un produit de mode obéissant à des lois obscures tout autant qu'un engin de sport très élaboré, adapté à une activité, un âge, un style. Il n'empêche que ses composants de base restent des plus limités : un flotteur de 2,50 à 3,90 mètres, un mât (et son pied), une dérive et une voile. Plus une foule d'accessoires indispensables ou inutiles.

C'est pourtant grâce à des composants aussi simples qu'il est possible aux amateurs de planning d'éprouver les joies de la planche. Joies bien réelles, toniques, musclées, pétillantes : oui, la planche ça « décoiffe », ça va vite, ça frime, et c'est sûrement un excellent sport de vacances pour un adolescent. Viendrait-il à l'esprit de comparer les

Dessin de Jean-Olivier Héron, réalisé pour la revue Voiles et voiliers.

avantages et les inconvénients respectifs d'un aspirateur et d'un camion-citerne sous le prétexte qu'ils ont tous deux un moteur ? Certes, non. Et pourtant, contraints et forcés par l'apparence des choses et la pression publique, c'est ce que nous faisons trop souvent pour la planche à voile et le bateau.

La première n'a-t-elle pas aussi voile, « plancher », eau et vent pour évoluer ? Une sorte de bateau primitif réduit à sa plus simple expression ? Erreur. Cet engin est de création récente (rien de « primitif » là-dedans), et sa conception, extrêmement élaborée. Une manière de hobby qu'il n'est pas sûr de retrouver dans l'avenir. Nous sommes

bien loin de la pérennité du bateau à voile, de sa longue et riche préhistoire et histoire, de son universel mariage avec le travail, la culture, la conquête et la connaissance.

Nos modestes bateaux de plaisance peuvent prétendre résonner quelquefois des antiques chants de marins et se placer dignement sur l'arbre généalogique. Impossible pour la planche à voile. Parce qu'elle est ailleurs. Elle est sur l'eau, bien sûr, mais aussi beaucoup dans l'eau. Le corps-à-corps avec cette dernière est sans doute passionnant, mais naviguer sur un bateau, c'est autre chose. Un art. Le sens marin du plaisancier a besoin d'un navire, aussi modeste soit-il. Avec lui, il sera relié, comme par d'invisibles fils, à l'infini du ciel, du vent et de la mer. Avec lui, pas avec un accessoire de sport. Et pourtant...

C'est un navire extraordinaire

En cherchant bien dans la mémoire de la voile, on pourrait découvrir un bateau extraordinaire, sorte de grande planche à voile, utilisé depuis longtemps par les pêcheurs du Brésil qui s'aventuraient parfois très au large avec cet engin ; pas de banquette, un simple siège ; pas de franc-bord, les pieds dans l'eau ; pas de haubanage, un seul mât et une unique voile. La ressemblance est saisissante. Cette embarcation est, à notre avis, un bateau absolument exceptionnel ; œuvre du pêcheur lui-même, la coque était entièrement taillée dans du bois de balsa et ne demandait d'autre outillage qu'un simple couteau de marin ! Mieux encore, il ne comportait *aucune* pièce métallique, tout étant lié ou chevillé.

Né de la nécessité, fabriqué « avec les moyens du bord », il représente dans sa modestie un navire authentique, économe de la peine des hommes et parfaitement adapté à sa fonction. Car, en prime, il allait fort vite... Ce bateau s'appelle une *jangada*.

Alors, s'il existe un lien entre les deux formules (et non avec la pratique), on peut très prudemment imaginer que la « défonce » en planche à voile, ses régates et ses traversées fracassantes ont quelque chose à voir avec les *jangadas* traditionnelles.

La mer à bras-le-corps : les dériveurs

Littéralement, le dériveur est une embarcation sans lest fixe et munie d'une dérive, lame de bois ou de métal, relevable, placée généralement dans l'axe de la coque. Généralement, car certains bateaux sont pourvus de deux dérives latérales. La dérive permet de lutter contre la déviation de l'embarcation provoquée par le vent ; elle agit – en dépit de son nom – uniquement comme un plan « antidérive ».

La dérive, le dériveur ont donné lieu à toutes sortes de débats entre spécialistes : à partir de quand et comment y avait-il lieu de lester – peu ou prou – un bateau ? Un beau débat, âpre et long, qui dure encore... C'est pourquoi on rencontre une multitude de formules, depuis le dériveur intégral jusqu'au bateau à quille relevable en passant par le dériveur lesté, sans parler des voiliers bidérive ni des hydroptères de course à foils plus ou moins escamotables.

La famille des voiliers compte un nombre extravagant de dériveurs de toutes formes et de toutes sortes, du petit *Mirror* – coquille de noix de 3,35 mètres – à la spectaculaire *Ondine*

L'équilibre est toujours au cœur des préoccupations d'un amateur de voile. Même s'il est précaire. Cette image en est une parfaite illustration. Sur une mer qui a perdu son calme, ces deux équipiers d'un Dart (catamaran de sport) gardent quand même la tête froide... Celui qui est au trapèze montre même un bel exemple de flegme.

Les initiés du dériveur de sport disent souvent « ça pulse » lorsque l'engin donne toute sa mesure. L'étrave déchire la vague, la voile siffle dans le vent, l'embrun jaillit de partout. C'est l'instant privilégié ; celui du triomphe. Un chant victorieux court sur la mer, inoubliable pour ceux qui l'ont entonné.

de 24,10 mètres de longueur, le plus grand, dessiné par Britton Chance.

Cependant, on désigne généralement comme dériveurs – dériveurs légers – des petites unités de plaisance et d'enseignement de la voile. Descendants lointains des bateaux de labeur du siècle précédent, ils ne transportent plus aujourd'hui de lourdes charges et ne naviguent pas tout au long de l'année. On a donc cultivé leurs performances, en les allégeant et en augmentant la surface de leur voilure. Il en existe de plus ou moins sportifs, de plus ou moins difficiles à barrer ; les dériveurs de promenade sont très stables, d'autres servent à l'initiation ou à la compétition. Le choix s'effectue en fonction de ses goûts, de son âge – le fameux *Optimist* permet de lancer sur l'eau des enfants de 7 ans – et de ses capacités.

La variété est telle qu'il n'est pas aisé d'en faire un portrait robot.

Une carène taillée pour planer, mais aussi pour bien passer dans l'eau : pincée à l'avant, plate à l'arrière. Une construction robuste, principalement en plastique (polyester), enfermant les caissons étanches réglementaires : le bateau est quasi incoulable... À quelques exceptions près, le gréement est de type sloop marconi ; parfois on constate la disparition des drisses : la voile est alors enfilée sur le mât.

Voici quelques chiffres caractéristiques des dériveurs légers.
– Dimensions : de 2,34 m *(Optimist)* à 5,25 m *(Ponant)*.
– Surface de voile : de 3,10 m² *(Shrimp)* à 16,31 m² *(505)*.
– Poids : de 28 kg *(Shrimp)* à 230 kg *(Caravelle)*.

... Et tout cela va vite, très vite, sautant sur la vague dans une nuée d'embruns, la perçant comme une lame acérée, ou glisse doucement sur le miroir du crépuscule, poussé par une brise infime, poursuivi par un sillage rectiligne et translucide...

• Le dériveur et la course

De nos jours, on aime la compétition. Toujours plus vite, toujours plus fort, toujours plus loin. Oui, le grand vent de la course a gonflé nos voiles et entraîne nos dériveurs au planning. Il existe pourtant un équilibre entre l'indifférence totale et la passion galopante. On aime se mesurer à l'autre, jouer pour gagner, et on ne se refuse pas une petite régate de temps en temps. Rien que de très humain. Les différentes sortes de dériveurs répondent à tous les désirs. En 1896, aux premiers jeux Olympiques modernes, à Athènes, la voile fit une entrée discrète. Aujourd'hui, les Jeux continuent à cristalliser les passions... et à stimuler la diffusion des dériveurs.

Mais la régate impose des règles. Des règles de navigation, évidemment, mais aussi de construction et de participation. Voici ce qu'il faut savoir, que vous soyez intéressé ou non par la régate.

Pour disputer une régate, les dériveurs doivent appartenir à une même *série* (ou être classés selon un système). Il est bien évident qu'un classement et qu'un jugement ne peuvent intervenir que pour des bateaux comparables. Les dériveurs, pour la plupart, sont donc classés en *séries monotypes,* où il n'existe pratiquement aucune différence entre les bateaux. La production industrielle facilite cet état de chose. Cependant, nombre d'entre eux peuvent être construits par des amateurs et se classer dans la série. Pour participer à une régate, vous devez être en possession d'un « certificat de jauge » prouvant que votre dériveur est bien conforme aux règlements et aux standards de construction.

Quel est le souhait le plus cher d'une série monotype (ou des associations de propriétaires) ? D'être choisie pour les jeux Olympiques. Les heureuses élues sont de véritables bêtes de course, coûteuses, il faut le savoir, où le confort de l'équipage compte si peu qu'il est inutile d'en parler ! Il y en a quatre :
– *Flying Dutchman,* 6 m, accastillage des plus modernes, plane à très grande vitesse. Architecte : Van Essen.

– *470,* 4,69 m, très léger, succès foudroyant. Plans : André Cornu.
– *Finn,* 4,50 m, solitaire, cat-boat, série olympique depuis 1952. Plans : Rikard Sarby.
– *Tornado,* 6 m, catamaran. Plans : Rodney March.

Beaucoup d'appelés, peu d'élus. Viennent ensuite les monotypes de série internationale : *Snipe, 505, Fireball, 420, Europe, Vaurien* et, pour les solitaires, *Laser* et *Yole IF.* Les séries nationales arrivent enfin, comme le *Ponant* ou le *Jet.* Pour mémoire, nous préciserons que quelques séries autorisent l'architecte à certaines libertés. Elles sont appelées « séries à restrictions ».

• Le dériveur de pêche-promenade

À la régate, vous préférez la simple et profonde communication avec la mer ? Là encore, certains dériveurs se révèlent tout à fait adaptés à la balade, à la pêche

Quel âge ont-ils ? Dix ans, douze peut-être. En tout cas, leur maîtrise pour dominer les caprices de leur Optimist *leur permettra de contrôler demain un vrai voilier. On ne remerciera jamais assez Jacques Kerhoas, l'« inventeur » des classes de mer, de son apport à la connaissance de la voile... et de la mer.*

UNE AUTRE MANIÈRE D'ALLER SUR L'EAU

Deux hybrides dans la famille des dériveurs, le Wizz (4,40 m) et le Skeltic (4,45 m), sont fortement métissés de planches à voile. Ils présentent la même carène étudiée pour la glisse, le même wishbone, ils ont le même comportement (brillant) à la mer ; mais ils portent un safran et un foc, ce qui est proprement impensable pour une planche.

Alors, planche qui a mal tourné ou dériveur du futur ? Faux problème. Il s'agit simplement de nouveaux engins qui, avec la planche fun et le catamaran de sport, répondent à une autre manière d'aller sur l'eau. Planning, vitesse, défonce... N'y a-t-il pas comme un arrière-goût de surf dans ces carènes-ricochet ?

ou même au camping côtier. Ils sont solides, larges et pas trop voilés. Bonne stabilité et cockpit spacieux.

La *Caravelle,* 4,60 mètres de long, 1,80 mètre de large, en est l'archétype. Elle est fabriquée en contreplaqué ou en plastique armé. Sa surface de voilure est de 12 ou 15 mètres carrés. Elle existe même avec un petit abri à l'avant et devient alors une *Caravelle Cigogne.* Elle pèse de 200 à 240 kilos.

Pour faire son choix, il faut prendre en compte la taille du bateau, sa disposi-

tion intérieure, sa capacité de rangement (où mettre au sec pull-overs ou casse-croûte ?), sa maniabilité, sa stabilité (à longueur égale, la voilure est notablement plus réduite que sur un dériveur de course), la hauteur de son franc-bord et, enfin, ses possibilités de transport (poids et longueur).

Son choix sera, comme toujours, un compromis, ce qui n'empêchera pas le dériveur de pêche-promenade de réserver bien des satisfactions. Ses adeptes ont tous connu le plaisir de traverser un

Une image pour le plaisir… C'est ici un départ en régate de 470. Mais qu'importe. Ce qui compte, c'est l'intensité émotionnelle qui se dégage du tableau. Là-bas, derrière cet essaim de lames blanches, une escouade de fins barreurs vont s'affronter « à la loyale » sur un plan d'eau qui ne demande que cela. Pudiquement, la terre s'est estompée, le soleil reste discret, et le vent lui-même modère sa contribution. Il ne reste que la voile et les hommes, avec, en prime, un surprenant cliché.

banc de maquereaux au soleil couchant (à moins que ce ne soit juste à midi) et de faire en un clin d'œil une pêche miraculeuse. Tant de poissons pour un si petit bateau... Le dériveur de pêche-promenade paraît, en ces instants, un engin bien performant, tant il est vrai que la taille de la prise ne dépend pas de la taille du preneur...

Superbes mais confidentiels : les quillards

Revenons un instant en arrière. Nous avons vu qu'un dériveur léger dissocie deux éléments indispensables à sa bonne tenue en mer : son plan antidérive et son lest. Le plan antidérive, c'est sa dérive ; le lest, c'est le ou les hardis navigateurs qui le mènent.

Un quillard, lui, associe les deux ; il plonge dans l'eau un aileron fixe à l'extrémité duquel on a astucieusement placé un lest de fonte ou de plomb. On peut en conclure que tous les bateaux à quille sont des quillards, d'où leur nom, ce qui est bien exact. Mais on nomme aussi « quillard » une certaine catégorie de bateaux à quille parmi les quillards...

En fait, c'est surtout une question de taille ; disons, pour simplifier, que, au-delà de 6 mètres environ, la plupart des bateaux habitables sont des quillards au sens général ; mais comme leur principale caractéristique est de permettre la croisière, on les désigne sous le nom de « croiseur » (sous-entendu : bateau à quille habitable). En revanche, des bateaux de plus de 6 mètres, très sportifs, conçus exclusivement pour la compétition, exigent, pour tenir une surface de voile leur permettant de grandes vitesses, d'être munis d'une quille ; ils ne sont ni habitables ni adaptés à la croisière, mais ce sont aussi des quillards.

Ces quillards de course sont de puissantes montures, racées, rapides, sportives. La cabine – quand elle existe, et si on peut appeler ça une cabine – est plus que spartiate ; tout a été sacrifié à la performance, et donc à l'allégement du bateau. En réalité, l'intérieur est vide. Le plus représentatif d'entre eux est sans doute le *Soling* (8,20 mètres), un superbe navire aux lignes tendues et aux perfor-

Ces Soling *qui se rangent à contrebord nous offrent les deux profils d'un même bateau. Tandis qu'au premier plan les retardataires se hâtent vers la bouée de parcours, l'un de leurs concurrents — au second plan — a déjà viré ; il entame même son bord de largue sous spinnaker avec, soit dit en passant, une belle avance.*

63

64

mances remarquables. Quillards aussi, *Requin* (9,60 mètres) et *Dragon* (8,90 mètres), s'ils possèdent un « volume habitable », ne peuvent prétendre au titre de véritables bateaux de croisière du fait de son exiguïté.

Ce n'est d'ailleurs pas seulement la taille des bateaux qui a créé cette catégorie bizarre des « quillards » parmi les bateaux à quille. C'est aussi l'usage auquel ils sont destinés, et, là, leur silhouette parle pour eux : ce sont des engins de course, des bêtes de compétition de haut niveau qui ont donné lieu à d'extraordinaires empoignades, tant aux jeux Olympiques (pour le *Star,* le *Soling* et le *Dragon*) que dans les régates locales. Malheureusement, les vrais mordus du quillard sont plutôt rares, et sa pratique est devenue, surtout en France, une activité marginale. Dommage.

Les croiseurs de l'aventure

Les bateaux de croisière – les croiseurs – ont rarement des ambitions de vitesse ; il y a belle lurette que les constructeurs ont abandonné le défi impossible de réaliser des bateaux confortables à la mer et spacieux en même temps que capables de gagner des courses. Ils ont dû faire un choix et fabriquer d'un côté des bateaux pour la course, de l'autre des bateaux pour la croisière. Aujourd'hui, il est bien rare qu'un voilier agréable à vivre soit aussi un champion de régate, et inversement... Tant mieux : le croiseur offre désormais un mode de navigation bien typé, sur lequel personne ne risque de se tromper.

La croisière est véritablement l'activité de plaisance la plus généreuse, la plus riche, la plus proche de la tradition, la plus chargée de rêves ou de fantasmes. Elle est l'image parfaite des valeurs qu'une publicité abusive a malheureusement banalisées : l'évasion, l'aventure, le départ vers des possibles – et des risques – incertains. Le jeu, au sens intellectuel du mot. Elle nous relie aux grands rêves conquérants de l'enfance, à l'esprit de découverte et d'étonnement qui sommeille en nous. Et c'est peu dire – autre lieu commun — que l'homme libre toujours chérira la mer...

Pourtant, la croisière se réduit à trois composantes simples : la mer, le bateau, soi ; vingt-quatre heures sur vingt-quatre et sans autre loi que la nécessité absolue de les faire cohabiter. Il n'existe pas trente-six façons de s'y prendre. S'il y a des catégories différentes de croiseurs, il n'y a pas de sensibilités différentes de la croisière ; la dimension de l'aventure n'en modifie pas le contenu, seulement les moyens et, parfois, les règles. Pas les sensations. Et encore : changer un foc sous le grain en vue de la terre ou au large nécessite le même rituel. En revanche, il serait bien étonnant que ce plaisancier moyen décou-

vrant, au bout de sa nuit, les premiers éclats de la Revellata n'éprouve pas quelque chose de comparable à l'émotion de Le Toumelin retrouvant Le Croisic en juillet 1955. Toutes proportions gardées, bien entendu... La croisière est la voie royale de la plaisance, celle de l'exploit ou de l'humble réussite, de la modestie ou du triomphe. Le fait qu'elle soit hauturière ou côtière ne change rien à l'affaire ; elle contient l'essentiel, un point c'est tout.

Quelle que soit sa taille, le bateau de croisière doit permettre la vie à bord et la satisfaction – même approximative – des besoins élémentaires : être en

Page de gauche : un grand et beau croiseur classique. C'est un Centurion 42, majestueux et sûr. À l'évidence, la navigation a été calme. Il est ici au mouillage, pont clair et dégagé, paré pour de nouvelles aventures. Qui ne serait tenté d'embarquer ?

Doucement, tout doucement, ce croiseur tente de se dégager de la côte dans l'espoir de toucher un peu de vent au-delà de la pointe. L'image est engageante ; pourtant, ne nous y fions pas trop. Il y a sûrement un équipier au sondeur, relevant les fonds en permanence... À moins que la carte ne révèle une côte franche de tout danger...

Les petits croiseurs fourmillent à la belle saison. L'un est déjà mouillé, l'autre est en train d'arriver ; les deux équipages montrent déjà une certaine connivence.

À droite : le poste de navigation. C'est là que, penché sur la table à cartes et compas en main, un mystérieux personnage — le navigateur — contrôle tout ce qui se passe à l'extérieur : le cap, la vitesse, les fonds, le balisage...

Page de droite : lorsqu'une armada de voiliers s'abat sur un port — ici, les concurrents de la deuxième White-bread —, les mouillages prennent parfois des allures de parking. Évidence : les derniers arrivés sont toujours les plus mal lotis.

sécurité, se nourrir, dormir, ne pas (trop) souffrir du froid, de l'humidité, du roulis... C'est tout. Rustique et monacal, le croiseur élémentaire d'hier — ce n'est plus vrai aujourd'hui — a souvent fait vivre son équipage à la dure, déclenchant des révoltes silencieuses ou des bordées d'injures. Mais c'était l'époque où le bateau à voile était, presque par définition, « le véhicule le plus lent, le plus inconfortable, le plus froid, le plus sale et le plus cher pour aller d'un point à un autre... où, précisément, on n'a rien à faire » (1). Ce ne sont pas les stagiaires des cotres des Glénan qui prétendront le contraire...

Aujourd'hui, tout est changé. Le confort minimum a été sensiblement relevé ; quant au maximum... il n'y en a pas ! Le luxe le plus effréné peut se rencontrer à bord, et pas seulement les cuivres amoureusement briqués ou les

(1) Définition due, paraît-il, à un membre de la famille royale d'Angleterre.

ordinateurs serviles, mais les bois rares, les céramiques précieuses, les moquettes les plus moelleuses, les chaînes hi-fi de 2 × 100 watts... Tout. Pour vérifier, allez donc faire un tour à Porto Cervo, le port de l'Aga khan, en Sardaigne : vous y verrez de *très, très beaux* bateaux. Hors saison, bien sûr...

Cela dit, venons-en aux bateaux plus courants. D'une manière un peu arbitraire, on distingue trois grandes catégories de croiseurs définis par leurs capacités de navigation.

1) *Les croiseurs côtiers,* petites embarcations (généralement des sloops) d'une longueur de 5 à 6 mètres environ, fort astucieusement conçus et équipés d'une mini-cuisine (réchaud et évier) et de deux à quatre couchettes. Ce sont des voiliers à quille ou des dériveurs lestés. Programme : balades à la journée et mouillage forain dans les criques solitaires (solitaires parce que les « gros » ne peuvent pas y aller, faute de hauteur d'eau suffisante).

2) *Les croiseurs moyens :* ce sont des cotres mais surtout des sloops de 6 à 9 mètres environ, plus souvent quillards que dériveurs ; ils sont donc mieux équipés (en particulier une « vraie » cuisine, des WC-cabinet de toilette et un poste de navigation), disposant de cinq à sept couchettes, parfois même huit. Ces navires peuvent naviguer plusieurs jours sans escale, avec un bon niveau de confort, offrant ainsi la possibilité d'effectuer des traversées d'une centaine de milles, Côte d'Azur-Corse ou Normandie-Grande-Bretagne, pour ne prendre que les plus courantes.

3) *Les croiseurs hauturiers,* que Le Corbusier aurait pu nommer « machines à naviguer », rassemblent le groupe disparate des voiliers de grande croisière, sloop, cotre, ketch, yawl, goélette. Compte tenu de leurs dimensions (9, 13 ou 20 mètres), l'espace intérieur autorise des aménagements dont le confort n'est limité que par les moyens du propriétaire : large carré, vaste poste de navigation, cabines séparées, cuisine équipée (réfrigérateur, réchaud, four), plusieurs WC et salles de bains. Par

La vie du bord et son rituel. Régler, ranger, prévoir. Il y a toujours à faire, même s'il y a, en principe, peu à dire. À la mer, l'harmonie est bien plus une affaire de comportement que de mots.

nécessité, l'équipement de bord est également très complet : accastillage, jeu de voiles, matériel de sécurité, aides électroniques, outillage, etc.

Pour être juste, il nous faut quelque peu nuancer cette classification légèrement arbitraire. La différence de vocation entre les voiliers habitables – dès lors qu'ils répondent aux règlements en vigueur – tient surtout aux qualités de l'équipage. Nous connaissons tous des exemples de petits croiseurs ayant accompli des voyages longs et lointains ; simplement, leur équipage – souvent réduit à un couple – a eu la sagesse de procéder par sauts de puce, à sa mesure. D'autres ont pris des risques et réalisé des exploits. En 1955-1956, le Français Jean Lacombe traverse seul l'Atlantique sur *Hippocampe,* un cotre de... 5,50 mètres ! Il imite en cela Ann Davisson (Britannique), qui avait fait de même sur *Felicity Ann,* un sloop de 7 mètres. Inversement, il existe un bon nombre de gens prudents mais peu compétents qui, s'embarquant sur d'imposants navires, se révèlent parfaitement incapables d'étaler le premier coup de vent. Ils ne sont jamais allés bien loin...

« Tant vaut l'équipage, tant vaut le bateau », dit le dicton. La véritable classification s'établit à partir de la compétence des équipages, des qualités marines du bateau, de sa robustesse et de son armement. La dimension n'est qu'une donnée parmi d'autres, et sans doute pas la plus importante.

Les voiliers de pêche-promenade

Le bateau de pêche-promenade est un peu l'homme tranquille de la famille des voiliers. Son nom se suffit à lui-même, et il est bien rare qu'un amateur de pêche ou de promenade soit en même temps un « bouffeur d'écoute ». Disons que le pêcheur-promeneur est davantage un profiteur de la mer (au bon sens du terme, évidemment) qu'un farouche traceur de sillage. Et remarquons au passage que de grands noms de la voile ne méprisent pas la balade tranquille, non plus que la partie de pêche dans quelque vivier secret.

Si le skipper est paisible, le bateau le sera aussi. Formes de belle ampleur, robuste accastillage, voilure modeste mais moteur généreux, le « pêche-promenade » exprime, tant dans sa conception que dans tout son équipement, une certaine sérénité en accord avec sa fonction. Pourtant, comme chacun sait, la pêche est une affaire sérieuse. L'amateur la pratique avec une rigueur que les professionnels ne renieraient pas. Et, de ce point de vue, le voilier consent à quelques sacrifices. Par exemple, le cockpit, creux, n'a pas l'élégance discrète de ceux des navires de haute mer ; mais il est pratique et sécurisant au moment de la remontée d'un superbe bar. L'arrière est souvent d'une largeur imposante, mais cela permet de traîner plusieurs lignes, voire de pêcher à trois ou quatre de front. Le roof, la cabine, montre une certaine propension à gagner en hauteur et s'habille de surfaces vitrées qui ne résisteraient pas à un bon paquet de mer, mais son rôle n'est pas de protéger des déferlantes. Il est haut pour être facile à vivre et, tout bonnement, pour protéger de la pluie. Lorsqu'il y a vraiment de la mer, mieux vaut rester tranquillement au port.

C'est un bateau de 4 à 8 mètres environ, large, stable, avec une quille longue permettant l'échouage. Sa silhouette est caractéristique ; une étrave retroussée, un vaste et profond cockpit qui s'étend sur une bonne moitié de sa longueur ; vers l'avant, un petit roof. Le mât est plutôt court. Le gréement est simple, peu toilé, visiblement secondé par un moteur, parfois hors-bord mais souvent in-board, de bonne puissance.

L'ensemble offre un aspect trapu et débonnaire. Il faut croire que ce type de voilier est apprécié de nos contemporains puisque les constructeurs offrent quelque quatre-vingts modèles différents, dont certains prétendent à une silhouette à l'ancienne.

Il faut cependant se persuader que le pêche-promenade reste un voilier. L'erreur couramment commise est de ne le considérer que comme un bateau à moteur portant accessoirement une voile. On se priverait alors de ses réglages et de la satisfaction d'aiguiser son sens marin. Mais, surtout, on risquerait fort

Les deux qualités principales des croiseurs de haute mer résident dans leur capacité d'autonomie et surtout dans leur aptitude à étaler tous les types de temps. Au-delà d'une certaine distance, le bateau ne peut plus espérer de secours extérieur ; dans le gros temps, son équipage doit se débrouiller seul. Encore faut-il que le navire soit suffisamment « marin » pour le permettre. Cette photo illustre quelles sont alors les conditions de vie à bord.

de compromettre sa sécurité. Que le vent se lève, que le moteur tombe en panne (cela arrive), et voilà la belle embarcation faite pour la douceur de vivre abandonnée à la tourmente.

Les multicoques : de la Préhistoire à la Transat

Ah, ils furent rudement surpris, les Européens débarquant dans le Pacifique, de voir leurs voiliers chargés de « civilisateurs » allégrement « grattés » par les multicoques du cru ! Ces derniers allaient deux fois plus vite que les navires allogènes. Incroyable ! Plus incroyable encore : aux tout débuts de l'ère chrétienne, déjà, ces mêmes multicoques transportaient jusqu'aux îles du Pacifique des peuples venus d'Asie du Sud-Est, en une extraordinaire migration. À événement exceptionnel, bateau exceptionnel. De fait, les deux ou trois coques parallèles, longues, étroites et légères confèrent aux multicoques un avantage de vitesse certain sur les bateaux lestés. Leur surface mouillée est réduite et constante.

Pour la petite histoire, rappelons, à ce propos, qu'un certain Nathaniel Greene Herreschoff, architecte et constructeur, conçut un catamaran qui, en 1876, battit à plate couture... toute la flotte de course du New York Yacht Club ! Et que croyez-vous qu'il advint ? Son coursier fut banni des régates suivantes...

Malgré leurs performances, les multicoques restent les marginaux de la marine de plaisance, et leur usage se répand lentement, sans doute parce qu'ils sont mal connus.

Ils comprennent trois catégories :
1) *Les catamarans*. Le mot vient du tamoul « katta », lieu, et « maram », bois. Ces bateaux présentent deux coques de taille égale.
2) *Les trimarans*. Terme hybride du latin-grec et du tamoul, inventé en 1930. Le trimaran a trois coques ; les deux flotteurs latéraux sont plus petits que la coque centrale.

3) *Les praos*. Du malais « prau ». Ces engins possèdent deux coques de taille inégale ; l'avant et l'arrière sont symétriques, de façon que le prao puisse indistinctement naviguer dans les deux sens. C'est un navire amphidrome.

Ces bateaux ont une parfaite stabilité initiale, ce qui rend la vie à bord (sur le pont ou à l'intérieur) plus agréable : des gîtes de 20 à 30° habituelles sur un bateau lesté, on descend avec eux à 10°, au maximum.

La puissance donnée par la voilure est proprement gigantesque, à l'égard de leurs minces flotteurs, et permet d'atteindre des vitesses stupéfiantes. C'est ainsi que *Crossbow II*, prao de Maleajine Downie, a battu le record de vitesse à la voile : 31,8 nœuds sur 500 mètres.

Dans leur grande migration à travers le monde (puisqu'ils sont arrivés jusqu'en Occident), les multicoques se sont diversifiés et ont fait souche ici ou là. Aujourd'hui leurs descendants, issus d'une lignée prolifique, se classent en trois grandes catégories.

1) *Les multicoques de sport*, petits catamarans de 4 à 10 mètres environ, dont les plus connus sont sans doute le *Hobie Cat* et le *Tornado*. Le *Tornado* fut le premier catamaran accepté aux jeux Olympiques, en 1976. C'est un voilier de 5,50 mètres, d'une finesse en lame de couteau, très nerveux et exigeant, mais aux performances remarquables. Le *Hobie Cat* (*Hobie 14* en solitaire, *Hobie 16* en double) a une tout autre personnalité. Simple et solide, sa forme n'est pas sans rappeler celle d'une banane. S'il ne pardonne pas certaines erreurs au débutant, il est cependant assez simple à manier pour une navigation rapide et exaltante.

Ces petits engins connaissent un certain intérêt (une cinquantaine de modèles sont proposés au public) soit en régate, grâce à l'active Union nationale des multicoques, soit pour le simple plaisir de la « défonce » dans le clapot. Très sportifs, ils réservent des joies intenses mais exigent un mode de navigation (et des réflexes !) bien particulier. C'est que la fougue d'un petit catamaran

Les multicoques saisis par les hautes technologies. En effet, à concepts exceptionnels, engins exceptionnels... Les grands multicoques doivent beaucoup aux méthodes et matériaux utilisés par les industries de pointe (structure intégrale, usinage chimique, West System, etc.).

l'homme et l'eau, le bateau n'étant qu'une sorte d'outil intermédiaire, encombrant mais obligatoire. Il doit donc être aussi discret que possible. L'objectif des constructeurs est précisément de fabriquer des bateaux qui se font « oublier », faciles à manœuvrer, à gréer, à entretenir; en plastique, en inox, en aluminium... Dans la plaisance « traditionnelle », les choses sont différentes; la partie se joue à trois, et le bateau en est une composante majeure. Il contribue au plaisir par sa conception, ses matériaux et le mode de navigation qu'il implique. Il ajoute une charge émotionnelle à la grande explication entre l'homme et l'eau. D'abord par le contact tactile avec le bois plein, les cordages de chanvre, les voiles de coton ou de lin, ensuite par le sentiment de tracer le même sillon que les anciens du grand et des petits métiers. Il n'y a là ni puérilité ni naïveté; simplement fidélité au fonds culturel de la voile.

C'est dans cet esprit que des responsables locaux, des associations et une excellente publication, *Le Chasse-Marée,* relancent une navigation plus proche de la tradition. Du même coup, ils sauvent du naufrage un savoir-faire qui était sur le point de se perdre : la construction en bois. Aujourd'hui, des artisans charpentiers construisent ou restaurent à l'ancienne des voiliers dont les noms chantent à l'oreille : chaloupe sardinière, coquillier, caseyeur, gabare ou sinagot... si différents, mais tellement bien adaptés à leur fonction. Et personne – surtout pas le marin de plaisance – ne peut échapper à l'émotion réelle de découvrir ou de redécouvrir ces bateaux en pleine jeunesse et qui tout à coup surgissent dans une passe, toutes voiles dehors, triomphants. Quel plaisir de ranger à contrebord le fuseau noir de *Bijou Bihan* ou d'*Eliboubane,* chaloupe à misaine et taillevent, de débusquer *Cap Lizard,* le dernier sloop langoustier de Camaret, de virer derrière *Notre-Dame de Rumengol,* un superbe sablier gréé en dundee !... En compagnie de ses amis Michel et Georges (dit Vieux Garçon), l'auteur a eu la chance d'embarquer sur l'un de ces bateaux chaleureux. Cette courte croisière au pays de la tradition, il n'est pas près de l'oublier...

Un phénomène peu ordinaire est donc en train de se développer. Des particuliers et des écoles de voile reviennent aux navires classiques. L'artisanat y trouve quelques ressources; des modèles de bateaux oubliés resurgissent, de nouvelles formules de navigation sont expérimentées... Quelque chose bouge dans

les esprits, et beaucoup disent déjà que nous assistons au prélude des grandes retrouvailles de la voile. La tentation de les croire est forte. Depuis 1982, des animateurs locaux organisent des fêtes maritimes où se rassemblent – et s'affrontent en régate – des voiliers traditionnels. Chaque fois leur nombre augmente, grossi d'unités restaurées ou nouvellement construites. En 1984, ils étaient une centaine à mouiller à Pors Beac'h, dans la rade de Brest. Cent voiliers, français et étrangers. En 1986, à Douarnenez cette fois, ils étaient plus de quatre cents. C'est trop pour que le phénomène ne soit que passager…

Au second plan, Eliboubane, sardinier classique… d'aujourd'hui. C'est un canot creux de 10 m de long, réplique exacte des bateaux du début du siècle. On doit sa résurrection à Yvon Le Corre, qui en a établi lui-même les plans de forme à partir de documents d'époque.

LE CHANT DE LA VOILE

Lorsque le voilier glisse, bien installé à la gîte, et que l'étrave module un chant régulier, une harmonie privilégiée s'instaure. Née d'une connivence parfaite entre l'équipage et les éléments, elle est source d'émotions profondes et rares. Tout est équilibre. Équilibre des formes souples des œuvres vives qui tranchent la vague, sans heurt, dans le froissement régulier du vent le long des voiles qui captent juste ce qu'il faut de sa prodigieuse énergie ; équilibre encore entre les équipiers, qui ont su mener le navire à la limite extrême de ses capacités.

Vanité de compétiteur ? Certes non. Simplement l'expression parfaite d'un équilibre parfait...

La machine à remonter le vent

Pourtant, cet équilibre est précaire. Qu'une saute de vent survienne, que le barreur relâche son attention, qu'un courant sournois rampe sous la quille et tout est à refaire. En mer, rien n'est jamais acquis.

Nous connaissons de fins marins de plaisance qui ne vont sur l'eau que pour jouir de cette incertitude. Faire de son mieux, domestiquer des forces puissantes, mais risquer à tout instant de perdre le contrôle d'un jeu subtil où l'homme n'est jamais le plus fort.

Parce que, sous l'écume de la vague et, plus encore, là-haut dans le ciel, d'autres forces commandent...

Le vent est le seigneur de la voile. Tout dépend de lui. Le jeu consiste donc à l'utiliser au mieux... Encore faut-il savoir et, mieux encore, sentir comment et jusqu'où se servir de sa force.

S'il va de soi qu'un voilier lancé sur la mer est poussé par le vent venant de l'arrière, il est moins évident de comprendre pourquoi il est encore capable d'avancer lorsqu'il le reçoit de l'avant. Le bon sens terrien s'y oppose avec

David et Goliath ! Pour l'heure, le combat est incertain. La voile est si grande, et l'équipier si petit...

À gauche : l'hymne au vent du large... La partition est connue ; toutes les voiles du monde la chantent, mais un ténor domine : le spi.

79

acharnement. C'est précisément là que le marin intervient, en dépit de sa fragilité : il aura réglé les voiles de façon à domestiquer le vent, pour le faire tirer ou pousser le bateau selon ses désirs. Car le vent pousse et tire tout à la fois.

Si l'on veut faire une démonstration savante d'aérodynamique, l'affaire n'est pas simple ; en revanche, si l'on connaît quelques principes de réglage élémentaires, la manœuvre est à la portée de tous ; c'est la finesse du réglage qui crée les vraies difficultés. Regardez les gamins de 8 ans, sur leur *Optimist*. Que savents-ils des lois complexes de l'aérodynamique ? Pourtant, il y a longtemps qu'ils ont percé les mystères du près ou du largue, avec pour seul bagage quelques principes de base simples affinés par la pratique. Mieux encore, ils ont appris, senti, compris tout seuls, et leur savoir ne se limite pas à la maîtrise de leur caisse à savon ; ils seraient capables, s'ils en avaient la force, de régler un croiseur hauturier.

Pression, dépression

Nous l'avons dit : tout dépend du vent, de sa force, mais surtout de la *position* du bateau en route par rapport au vent ; c'est elle qui détermine son *allure*, et c'est l'allure qui définit la position des voiles. Reportons-nous à la figure ci-dessous : selon la route choisie par le bateau, celui-ci recevra le vent soit carrément de front, soit franchement de l'arrière... avec, entre les deux, toutes les nuances imaginables. À l'intérieur d'un quart de cercle (de 315° à 45° dans cet exemple), le vent est tellement frontal qu'il est impossible de naviguer contre lui. C'est la *zone interdite*, où l'on ne pourra progresser qu'en *louvoyant*, selon une méthode dont nous reparlerons. On constate aussi que de 45° à 90° (pour nous en tenir à la portion de cercle de droite ; la démonstration est réversible sur la gauche), le bateau progresse plutôt contre le vent. Il faut régler sa voilure pour que le vent aspire le bateau. Ce sont les allures du *près*. À 90°, il est franchement perpendiculaire au vent et, là, le vent tire et pousse tout à la fois. L'allure du bateau est *vent de travers*. Plus bas, au-delà de 90°, le bateau navigue plutôt dans le sens du vent, jusqu'à se trouver vent arrière à 180°. Ce sont les *allures portantes*.

Il est donc possible, hormis dans la zone interdite, de faire avancer le bateau dans toutes les directions avec un vent de même orientation. C'est déconcertant. Pourtant, si l'on interroge sa mémoire, on se rappellera une loi de mécanique fondamentale apprise au collège : celle de l'action-réaction. Lorsque deux forces se rencontrent, elles exercent l'une sur l'autre une force égale et de sens opposé. C'est cette force que l'on utilise pour régler les voiles aux allures de près.

Lorsqu'une voile reçoit le vent, elle dévie les filets d'air qui la heurtent en produisant un phénomène de compression ; l'air, « butant » sur la voile, est obligé de glisser le long de celle-ci avant de trouver un écoulement normal quelques dizaines de centimètres plus loin. Mais en même temps que l'air subit cette compression sur la face externe de la voile, le « vide » provoqué sur la face

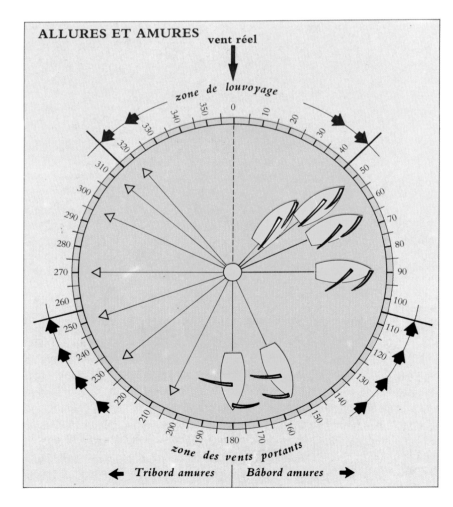

ALLURES ET AMURES vent réel

zone de louvoyage

zone des vents portants

← Tribord amures | Bâbord amures →

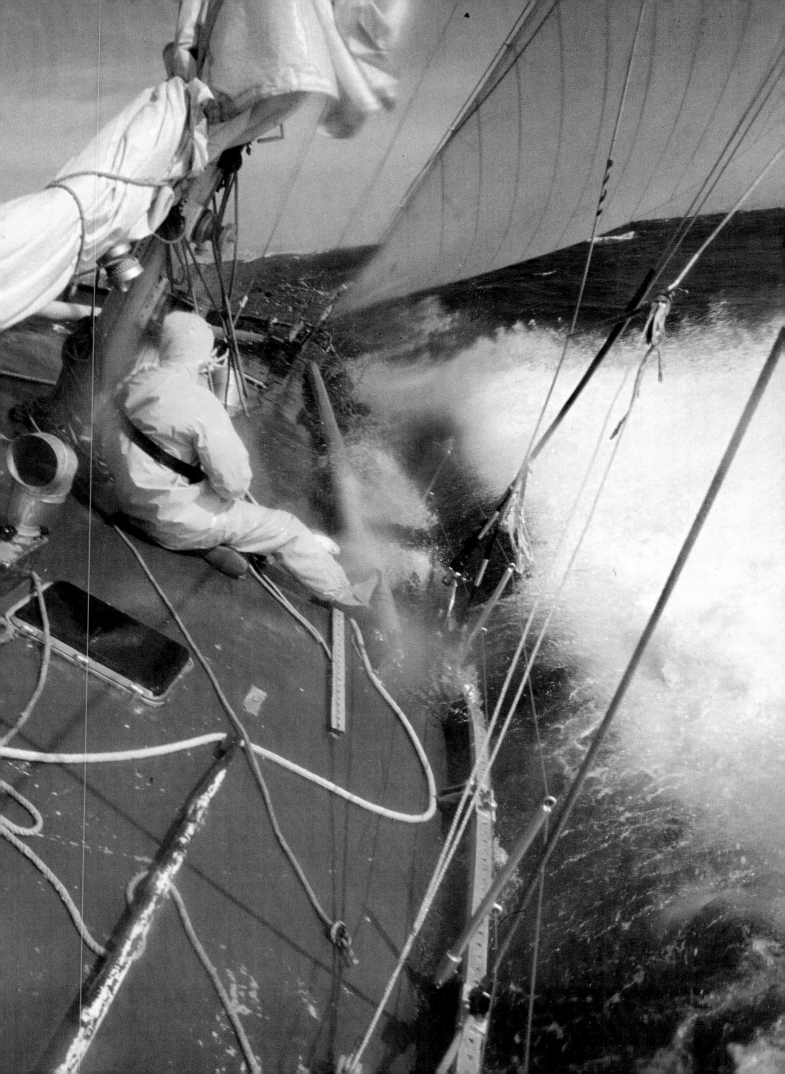

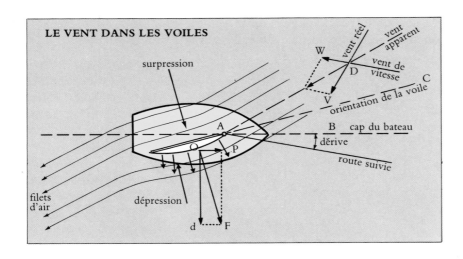

LE VENT DANS LES VOILES

surpression

vent réel
vent apparent
vent de vitesse

W

D

C

orientation de la voile

A

B cap du bateau

O

P

dérive

route suivie

filets d'air

dépression

d

F

Décomposition simplifiée de toutes les forces mécaniques intervenant dans la propulsion d'un voilier.

interne crée une dépression agissant avec un puissant effet de succion. Pression d'un côté, dépression de l'autre. En les additionnant, on obtient une force aérodynamique dont l'une des particularités est décisive pour la marche d'un voilier : la force exercée par un fluide en mouvement sur un plan (le vent sur la voile) est perpendiculaire à ce plan quel que soit l'angle d'incidence. En pratique, on considère que la résultante des forces de pression et de succion est perpendiculaire à la corde de la voile.

C'est pourquoi, aux allures de près, le réglage de la voilure des bateaux moder-

nes se ramène à un principe d'une extrême simplicité : présenter les voiles (border les voiles) de façon que le vent, en les rencontrant, soit légèrement dévié de sa trajectoire, « à la limite du fasseyage ». Pas assez bordées, les voiles battraient en drapeau et n'auraient aucune force propulsive ; trop bordées, elles créeraient un régime tourbillonnaire réduisant sensiblement le phénomène de succion. C'est que, aux allures de près, l'écoulement de l'air doit rester régulier (laminaire), de façon à entretenir la dépression sur la face interne de la voile. Si l'angle d'incidence augmente, des tourbillons apparaissent, qui créent un régime turbulent ; les filets d'air rebondissent et ne parviennent plus, sous la voile, à combler le vide dépressionnaire. En mer, le phénomène est immédiatement perceptible : avec une voilure trop bordée, le bateau décroche subitement et sa vitesse tombe.

Autre principe à retenir : la force aérodynamique est proportionnelle :
– à la surface de la voile (avec une voile réduite de moitié, la force diminue de moitié !) ;
– au carré de la vitesse du vent (si le vent double de vitesse, la force est quadruplée).

La règle est de toujours porter la « toile du temps ». Le jeu consiste donc à estimer puis à envoyer la surface de voile juste nécessaire. Ni trop ni trop peu. Tout en conservant un bon équilibre entre la ou les voiles d'avant et la grand-voile. Et en fonction de l'allure, de la force du vent, de l'état de la mer... Le plus étonnant, c'est que tous les plaisanciers finissent un jour par y arriver.

Dérive et propulsion

Toute cette démonstration – volontairement simplifiée – ne concerne que les voiles ; il faut voir à présent comment l'énergie empruntée au vent peut faire avancer le bateau. Le plus simple consiste à se rappeler la règle du parallélogramme utilisé en physique et représenté sur la page de gauche. La voile est réglée pour dévier le vent indiqué par la flèche ; la force aérodynamique s'exerce perpendiculairement à la voile. Cette force se décompose selon deux directions : la première, dans l'axe du bateau ; la seconde, perpendiculairement à cet axe. À ces allures, le bateau avance « en crabe », propulsé surtout vers l'avant mais aussi dévié latéralement. Cette déviation est la dérive. Le dessin montre que la route suivie par le bateau est une composante de ces deux forces.

Inversement, au-delà du vent de travers, dans les allures portantes, le régime devient plus turbulent et c'est essentiellement la force de pression qui fait avancer le bateau. Au vent arrière, où l'angle d'incidence devient très défavorable, l'écoulement est franchement turbulent. Mais en débordant largement les voiles ou en les mettant *en ciseau* (une

de chaque bord dans le cas d'un sloop), on dispose d'une surface de toile « travaillant » sur toute son étendue.

Revenons au dessin de la page 80, en partant du bas ; le bateau vent arrière a un comportement passif, le vent le pousse ; il a tendance à rouler d'un bord sur l'autre, sa stabilité est précaire, le barreur doit être attentif. Les choses vont beaucoup mieux chez le voisin, qui se trouve grand largue : le bateau est moins mou, plus équilibré et plus stable, pratiquement sans gîte. Sur le troisième voilier, vent de travers, l'ambiance est plus nerveuse : le navire a un peu de gîte, mais il passe dans l'eau avec aisance, souplement. Le quatrième est au près bon plein (petit largue), allure royale, pleine de puissance et de verve ; il gîte sans excès, sa coque frémit, il court sur la vague avec fougue, sa vitesse est grande. Ensuite, nous entrons dans les allures du près. Cette fois, le voilier se bat avec le vent, avec les vagues, il passe en force mais dérive beaucoup, il gîte, il peine ; l'embrun balaie le pont, l'équipage se terre dans le cockpit humide : c'est l'allure de combat par excellence. Poussé au maximum de son réglage (voiles de plus en plus proches de l'axe du bateau), le voilier atteint l'allure du

plus près serré. C'est sa limite extrême ;
généralement il se vautre, dérive beaucoup, progresse peu, gîte énormément ;
le gréement souffre, l'équipage aussi ;
c'est l'allure la plus dure. Pourtant, qui
ne doit à cette allure sauvage d'avoir
doublé une marque décisive en régate
ou, mieux encore, une pointe difficile en
croisière ?

L'art de louvoyer

Reste la zone interdite. Là, on ne peut
gagner au vent qu'en progressant de
biais, en gardant une allure de près, sur

*À gauche : autant en empor-
te le vent. Ce voilier, au
grand largue sur une mer
déjà formée, ne souffre pas :
il court avec le vent, avec la
vague. Le skipper a tout de
même amené la voile d'artimon. L'image, qui ne man-
que pas d'atmosphère, exprime une réconfortante sérénité.*

un bord puis sur l'autre, et ainsi de
suite. Le bateau marche alors en zigzag,
en louvoyant (on dit aussi en tirant des
bords), et progresse lentement, traçant
une route beaucoup plus longue. Les
anciens de la marine en bois avait une
expression éloquente pour en parler :
« Le louvoyage, c'est deux fois la route,
trois fois le temps, quatre fois la grogne... » La grogne, parce qu'à chaque
virement de bord il fallait manœuvrer
durement et longuement dans le vent, le
froid et les embruns. Et qui, parmi les
marins de plaisance, peut prétendre ne

*Ce voilier navigue au près
bâbord amure. Visiblement,
il combat ; mer courte, vent
frais (grand-voile arisée), ses
adversaires ne lui feront pas
de cadeau. L'équipage massé
au vent dans le cockpit s'y
attend. Et c'est « en force »
qu'il doublera la pointe.*

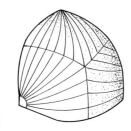

1

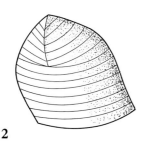

2

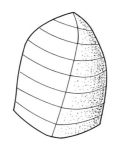

3

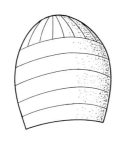

4

Sa majesté le spi dans ses œuvres. Il tire ici un catamaran de croisière dont la silhouette trapue, pataude, n'est pas des plus élégantes. Pourtant, la « bulle » (capricieuse par nature) s'offre le luxe de transformer la banalité en esthétique fugitive.

pas avoir été – ne serait-ce qu'une fois – exaspéré par ces manœuvres interminables lorsque, dans une passe étroite, il fallait virer toutes les quinze secondes ?

Une voile « turbo » : le spinnaker

Parmi les nombreuses voiles d'avant portant des noms anglo-saxons (tall boy, big boy, reacher, yankee...), une s'est fortement banalisée : le spinnaker. L'origine du nom ? Elle serait, paraît-il, à rechercher dans les fameux « spinach » de Mathurin Popeye, qui lui donnaient – grâce à leur fer – une force prodigieuse. Le spi ayant sur le bateau les mêmes effets que les épinards sur le joyeux matelot, son nom en aurait découlé par association d'idées. La définition est sans garantie, mais, après tout, pourquoi pas ?

Le « spi » est une vaste voile de forme concave qui s'utilise, en principe, aux allures portantes ; à l'origine, il était conçu pour le vent arrière, mais, la coupe évoluant, on arrive à porter certains spi jusqu'au vent de travers. C'est une voile légère (1), capricieuse et délicate à contrôler, dont le rôle est de défléchir le vent en utilisant sa pression. Elle travaille essentiellement en régime turbulent, tirant littéralement le bateau. On a longtemps essayé de modérer la turbulence en perçant le spi de tuyères ou de déflecteurs (pour créer un régime laminaire), mais ces solutions n'ont pas, semble-t-il, apporté de progrès majeur.

Si la navigation sous spinnaker est délicate, cet inconvénient est largement compensé par la marche impériale du bateau. Vue de loin, cette grosse bulle multicolore a quelque chose de triomphal ; elle chante la plénitude de la voile, la maîtrise de l'équipage, l'accord idéal entre la mer éternelle et l'homme simplement de passage. Les départs de course au largue prennent des allures de feux d'artifice, les grandes fleurs s'épanouissent dès le coup de canon, et les vacanciers en profitent pour faire provision de photos à succès.

_____
(1) Poids parfois inférieur à 20 g/m²

À bord, il faut se montrer vigilant. Le bateau s'installe dans un balancement léger, pique son étrave, relève l'arrière et court sur la vague qu'il semble dépasser. Il file avec le vent, aspiré par un dieu de la mer joufflu et bariolé. Mais surtout ne nous y fions pas trop : les dieux sont parfois facétieux, et il est prouvé qu'ils aiment à taquiner les amateurs de spinnaker...

Depuis que les grandes compétitions ont amené les coureurs à affiner leur voilure, nous avons assisté à l'apparition de multiples dessins de spi, tous plus performants les uns que les autres. À notre avis, les spinnakers se ramènent à quatre types principaux, définis par la disposition des laizes qui constituent la voile. D'une manière générale, il s'agit de trouver un assemblage de laizes adapté à la forme du spi et se déformant le moins possible à l'usage.

Le problème paraît banal. En réalité, il pose aux fabricants de voiles un casse-tête complexe : ils doivent tenir compte de la coupe (forme), du poids, des efforts supportés, du rendement, etc. Les assemblages les plus courants sont représentés sur la figure ci-contre.
– En 1, les laizes partent des trois points (écoutes, drisse, amure) ; c'est l'assemblage en étoile.
– En 2, les laizes sont perpendiculaires aux chutes ; le spi comporte, dans sa partie haute, une couture médiane.
– En 3, le droit fil est au milieu du spi, ce qui implique un certain biais dans le haut et dans le bas.
– En 4, formule mixte mêlant l'assemblage en étoile et les laizes horizontales.

Comme il est aisé de le constater, le spi est une voile très différente de ses frères et sœurs, foc, trinquette, grand-voile et autres génois, pour ne citer qu'eux. Il exige un gréement particulier : une drisse pour l'envoyer en tête de mât, un tangon pour le déborder au vent, une balancine et un halebas pour contrôler le tangon, enfin un bras et une écoute pour le régler. Tout cela doit fonctionner harmonieusement. Ce qui n'est pas d'une évidence absolue. En principe, le spi est toujours prêt, bien disposé dans son sac, plié en accordéon, laissant apparaître les points d'amure et d'écoutes et la têtière.

*Dans quelques secondes,
l'Écume de mer va virer de
bord ; le bateau a pris de la
vitesse puis est remonté au
vent. À cet instant, il est au
près serré ; dans un moment,
il va basculer tribord amure.*

Depuis que Tabarly a inventé la « chaussette à spi » et que d'autres l'ont plus ou moins perfectionnée, l'envoi de cette voile majestueuse a subi quelques variantes. Nous nous en tiendrons à la méthode classique. Le spi est donc préparé, ferlé avec un brin à casser et placé sur le point, parfaitement clair : le tangon, son halebas et sa balancine sont installés, bras et écoutes disposés de chaque bord à l'extérieur de tout. Le tangon est dans l'axe du bateau contre l'étai, l'écoute est complètement choquée. Tout est prêt, il n'y a plus qu'à hisser... L'équipage a tout de même un petit pincement au cœur. Le spi est si fantasque ! Le bateau, qui était vent arrière, remonte un peu, entre largue et grand largue, pour disposer d'un régime moins perturbé ; il se stabilise et... « Allez les gars, on y va ! » Traduction : à hisser le spi. Ce qui est fait. Comme notre équipage est un bon équipage, nous hissons rapidement ; le petit boudin s'élève vers la pomme de mât ; il grimpe en se dandinant, il est presque en

haut... « À brasser ! » Un équipier brasse le tangon et le ramène dans le vent, les premiers brins cassent, des petites poches se forment ici et là, dans le spi qui continue à grimper. Soudain, la grande fleur multicolore s'installe dans le ciel avec un crépitement métallique. C'est fait. Il ne reste qu'à régler la bulle. L'équipage respire.

Cette version des faits est tout à fait idéale ; en pratique, toutes sortes d'incidents peuvent se produire. Rappelezvous : si le spi est mal préparé (amure et écoutes inversées), on obtient un coquetier et la toile est en grand danger de déchirure sur l'étai ; affalez ! Ou alors le spi croche un mousqueton de foc que l'on n'a pas affalé. Panique ! Ou encore un équipier distrait lâche l'écoute (ou le bras). Ridicule. Plus spectaculaire : le départ au lof, immédiat et brutal ; le bateau ralentit, se couche sous la pression irrésistible du spi qui fonctionne à l'envers. Re-panique... Et il y a de quoi ! Le bateau gîte irrémédiablement, montre sa quille, le cockpit s'emplit, le spi

chalute, ordres et contrordres fusent ; bref, le calme débarque et le désordre embarque. Arrêtons là, il y aurait trop à dire des caprices de cette voile fantasque.

Les premiers pas : virer de bord

Précisément, le virement de bord est l'une des manœuvres de base qu'il est indispensable de connaître pour faire marcher un voilier. Pour simplifier, nous allons évoquer son déroulement sur un sloop marconi, bateau très courant gréant deux voiles caractéristiques : foc et grand-voile.

Le virement de bord consiste à manœuvrer de telle façon que les voiles recevant le vent d'un côté (bâbord ou tribord) avant la manœuvre le reçoivent de l'autre après celle-ci. Ainsi, un bateau se trouvant *bâbord amure* (recevant le vent par bâbord) recevra le vent par tribord après avoir viré ; il sera alors *tribord amure*. L'amure désigne tout simplement le côté, le bord, par lequel le

bateau reçoit le vent : un bateau bâbord amure progresse vers sa droite, un bateau tribord amure vers sa gauche.

Dans une phase de louvoyage, l'équipage tire des bords successifs, gagnant un peu dans le vent d'un bord puis, après avoir viré, un peu de l'autre bord. La longueur – donc la durée – de chacun de ces bords est éminemment variable. Dans les chenaux étroits, ils peuvent avoir quelques dizaines de mètres, parfois moins ; au large, ils peuvent se mesurer en dizaine de milles, voire en centaines... Mais, au bout de leur route, le bateau devra toujours virer de bord pour poursuivre son chemin...

Sur les voiliers simples (gréement de sloop marconi), le virement de bord consiste en une série de manœuvres à effectuer dans un ordre déterminé ; elles exigent finesse et précision de la part du barreur, une bonne coordination de l'équipage et doivent être exécutées rapidement. Toute la subtilité est requise pour le virement vent debout dans le petit temps, bien plus délicat à réussir

Ces deux hommes n'en sont pas à leur premier virement de bord ; équipiers sur Grand Louis, ils en ont vu d'autres. Pourtant, à quelques nuances près, ils devront composer avec le vent, exactement comme on l'enseigne aux débutants.

89

que dans la brise franche et fraîche. Inversement, un virement de bord vent arrière (dit virement *lof pour lof*) est plus facile à exécuter dans le petit temps que dans la brise.

À nous de choisir la meilleure formule, puisque, selon les conditions de navigation et d'environnement, nous pourrons opter pour l'une ou l'autre.

Virement vent debout

Il s'agit, nous l'avons vu, de passer d'une amure à l'autre, de manière à continuer de gagner dans le vent sans trop s'écarter d'une route (théorique) idéale. En règle générale, on peut espérer que l'angle provoqué par ce changement sera de 90° environ, le lit du vent (l'axe du vent) étant indiqué par la flèche en haut du dessin de la page 91. Tout le jeu consiste à lancer le bateau dans la zone interdite (où le vent n'a aucune force propulsive) avec assez de vitesse pour le faire pivoter dans l'angle mort afin qu'il reprenne le vent de l'autre bord. La vitesse doit être suffisamment élevée pour que le voilier réponde bien à la barre et exécute sur son seul élan le virage espéré. Mais, pour bien assimiler cette manœuvre, mieux vaut embarquer et assister à son déroulement.

Nous sommes sur un petit croiseur de 8 à 9 mètres ; le temps est maniable, vent de force 4, mer belle, creux de moins de un mètre. Nous sortons du Crouesty pour rallier l'île de Houat, en plein sud. Malheureusement, le vent est sud-sud-ouest. Nous irons au louvoyage. Premier virement de bord devant Meaban. Le bateau est à l'allure du près et file 5 à 6 nœuds, c'est plus que suffisant. Le barreur remonte dans le vent en bordant la grand-voile ; le foquier en fait autant ; le bateau gîte, l'étrave chante, l'embrun fleurit sur le pont... Tout à coup, après avoir averti l'équipage, le barreur met franchement la barre sous le vent ; la gîte s'accentue un instant puis le bateau se redresse, les voiles ne prennent plus, il pivote tout seul sur son élan... Le foquier, qui a largué l'écoute sous le vent, se précipite sur le winch de l'autre bord, prêt à embraquer. Lentement, l'étrave balaie l'horizon, monte et descend au gré des vagues et, finalement, dépasse le lit du vent. La bôme passe et le foc frissonne déjà sous l'autre amure ; le foquier empoigne l'écoute ; le vent gonfle la toile et le bateau s'ébroue. Il a viré. La manœuvre s'achève dans le cliquetis des winches qui crient victoire...

L'opération est parfois moins glorieuse : pas assez de vitesse, trop de mer, manœuvre molle, etc. Le bateau attaque à regret la zone interdite, atteint le lit du vent mais hésite à passer sous l'autre amure ; il est presque arrêté. Finalement, il se décide et vire quand même, tout doucement. Mais le foquier a bordé trop tôt et le bateau, toutes voiles bien plates, reçoit le vent brutale-

---

LES ORIGINES DE TRIBORD ET BÂBORD

Cette origine est obscure ; les experts ne sont pas tous d'accord, mais éliminent d'un commun accord l'explication à partir du mot « batterie » (« bat » à gauche du mot, « terie » à droite...).

Certains font remonter les origines de ces deux mots clés aux Vikings... D'autres y voient la déformation de vieux mots allemands, anglais, islandais ou néerlandais, voire un mélange de deux langages...

Une explication fournie par M. Henri Douard et publiée par la revue Le Chasse-Marée *n° 13 paraît intéressante.*

Bâbord viendrait de l'allemand Backbord, mot composé de Back (château d'avant) et de Bord (côté). Dans les anciennes embarcations nordiques, le château d'avant était à gauche.

Tribord, quant à lui, serait une corruption du mot Stirrbord, de l'islandais Styribord ou de l'anglo-saxon Stearbord : le bord du gouvernail (au Moyen Âge, le gouvernail était à droite...).

Il n'empêche que bien des néophytes se servent de « batterie » comme moyen mnémotechnique facile.

ment, se couche et ne se redresse que peu à peu, en prenant de la vitesse. C'est la « claque », impressionnante et inconfortable. Parfois encore, le bateau (et l'équipage) sombrent dans le ridicule du manque à virer. Le bateau ne dépasse pas le lit du vent, il pointe paresseusement, s'arrête et refuse de pivoter davantage... Consternant. Il tombe alors sous le vent, au grand désarroi de l'équipage qui, généralement, échange à cette occasion quelques propos verdoyants...

Dans les cas limites, on peut encore tenter de masquer le foc pour aider le bateau à virer. Cela consiste à maintenir un instant le foc bordé à contre ; il se gonfle « à l'envers » au moment où

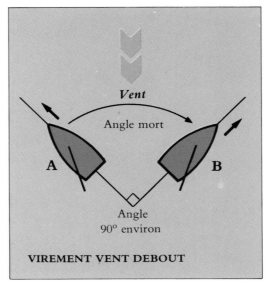

Vent

Angle mort

A   **B**

Angle
90° environ

VIREMENT VENT DEBOUT

La sanction ! Pendant le virement vent debout, l'équipier a bordé le foc un peu trop tôt. Résultat : une « claque » magistrale pour ce Rorqual au moment où il reprend le vent bâbord amure.

Le bateau doit avoir assez d'élan pour passer de A à B sans profiter du vent, celui-ci ayant tendance à le freiner. S'il entre dans l'angle mort mais ne parvient pas à prendre le vent sous l'autre amure, c'est le manque à virer...

Vent arrière par bonne brise. Pour remonter au vent, il va falloir border les voiles. Sans ce petit treuil à axe vertical (le winch), la manœuvre serait impossible. On ne sera jamais assez reconnaissant envers les winches...

Pages précédentes : cette fois, on ne plaisante plus. Toute la sauvagerie de la mer entre dans cette photo. Il y a du corps à corps là-dedans. Et du dérisoire. Ne serait-ce que les fragiles garcettes battues par le vent face à la toute-puissance de la vague.

l'étrave dépasse le lit du vent. Cette force inversée, opposée sur l'avant, a parfois – pas toujours – la vertu d'accentuer le mouvement de pivotement.

Sur un petit croiseur, le virement de bord vent debout est une manœuvre qui implique plusieurs membres de l'équipage, sinon sa totalité : le navigateur, qui a estimé la durée du bord et décide de l'instant de la manœuvre ; le barreur, dont le mouvement, souple mais franc, est décisif ; enfin, le foquier, qui travaille en finesse et en puissance.

C'est un instant de navigation privilégié, où l'équipage montre sa mesure. Sur les anciens navires de la marine en bois, qui gréaient aisément de 3 000 à 4 000 mètres carrés de voile, le virement de bord n'était pas une mince affaire. Il fallait manier des dizaines de bras et

d'écoutes, parfois dans un temps difficile, avant que le capitaine ne crie au porte-voix : « À Dieu vat ! », ordre final où l'on s'en remet à des forces supérieures pour assurer la suite des opérations... Aujourd'hui encore, par nécessité, les ordres sont donnés à haute voix, et c'est un peu de la grande tradition qui survit à cette occasion. Lorsque le point théorique du virement est atteint, le chef de bord doit s'assurer que l'équipage est prêt à manœuvrer. Il dit (ou crie) : « Paré à virer ! » C'est à la fois un ordre et une interrogation. Le barreur et le foquier confirment : « Paré ! » À cet instant, le bateau est au près serré, gîté, se battant avec la brise ; les secondes s'égrènent et, tout à coup, au meilleur moment entre deux vagues, l'ordre tombe : « Vire ! » La course du bateau s'incurve... En réalité, l'ordre de virement de bord connaît de nombreuses variantes, comme « Envoyez! » ou « On vire! », ou encore, plus simplement, « Vas-y, Olivier! » Le plaisancier n'est guère conformiste, même s'il reste, par obligation, traditionaliste...

Virement de bord lof pour lof

Il existe une seconde manière de virer de bord ; délicate, précise, elle dépend essentiellement des qualités du barreur. Bien exécutée, elle se révèle élégante et confère un certain prestige à l'équipage. En revanche, elle ne pardonne rien aux maladroits qui l'auront mal pensée, mal préparée et, par conséquent, mal exécutée. Plus encore que le virement vent debout, le virement de bord vent arrière (dit lof pour lof) est un haut moment de navigation. L'équipage y met à l'épreuve sa cohésion, sa compétence, sa finesse de manœuvre et, à la limite, son respect du bateau.

En théorie, le jeu consiste à changer d'amure en recevant le vent non plus de l'avant, mais de l'arrière. Il n'y a plus de zone interdite ; il suffit que le bateau dépasse le lit du vent pour que se produise l'empannage (passage de la bôme sur l'autre bord) concrétisant le virement de bord. Par très petit temps, la manœuvre est accessible à tous, aussi simple à réaliser qu'à décrire : la mer est plate, le bateau stable, le vent discret ou anémique ; la bôme passe mollement, presque à regret...

Les marins bretons disent : « Par beau temps, ma petite sœur navigue », tant il est vrai que, lorsque le voilier ne subit pas d'effort, il n'est guère difficile de le conduire.

Les choses changent avec l'arrivée de la brise ; virer lof pour lof dans le vent frais est *toujours* une affaire délicate, tous les plaisanciers – même les plus grands – en savent quelque chose. Délicate dans la préparation, dans l'exécution, délicate aussi dans ses conséquences éventuelles. Chacun est à son poste. Nous venons de passer le raz de Sein vers le sud ; le phare de La Vieille s'estompe dans la brume, mais on distingue encore très bien la tourelle de La Plate sur bâbord. Avec ce vent de nord-noroît, force 5, nous courons grand largue tribord amure et bonne vitesse. L'instant est triomphal ; le dicton « Personne n'a jamais passé le Raz sans peur ni mal » paraît bien exagéré à l'équipage qui a tout juste été un peu chahuté ; chacun salue l'événement à sa manière.

Le mouillage de Bestrée se dégage sur bâbord, et le voilier doit abattre encore pour poursuivre sa route vers Audierne. L'équipage s'affaire ; la grand-voile est débordée au maximum sur bâbord et le skipper demande que l'on grée une retenue de bôme pour parer à toute éventualité. Puis, doucement, à petits coups de barre souples, le barreur « aide » le foc à passer sur tribord. Le grand triangle avant hésite un peu, bat dans le vent, puis se décide. Le bateau vogue alors en majesté, tiré par ses deux voiles en ciseaux débordées au maximum de chaque bord. Pourtant, les choses ne vont pas durer longtemps. Poussé par une bonne brise, emporté par un fort courant, le bateau va vite ; la pointe de Lervily est déjà toute proche, et il est prévu de mouiller à Sainte-Évette. Il faut manœuvrer pour empanner, c'est-à-dire virer de bord lof pour lof.

Comme toujours, l'affaire sera délicate. Avant toute chose, nous allons contrôler le bord ; le pont est clair et les écoutes libres. La retenue de bôme est larguée ; l'équipage se cale sur chaque bord pour équilibrer le bateau ; le barreur stabilise le roulis de son mieux. Le risque est soit de partir dans une auloffée incontrôlée, soit d'abattre soudainement au-delà du vent arrière et de provoquer un empannage violent et prématuré. Après s'être assuré que tout est clair devant et avoir contrôlé le halebas, le skipper centre le curseur de la barre d'écoute et engage la manœuvre.
— Paré? ... On y va!

Le jeu consiste à faire passer la bôme – en douceur, si possible – d'un bord sur l'autre et, avec elle, la grand-voile. Il va donc falloir ramener l'ensemble bôme-grand-voile dans l'axe du bateau, puis faire basculer le tout en contrôlant le mouvement d'un bout à l'autre. Il est évident que, à un moment donné, la voile se présentera au vent sur la tranche, exactement comme un drapeau flottant... à l'envers. Instant critique. Le barreur borde régulièrement la grand-voile et compense à la barre les sursauts du bateau qui n'apprécie pas ce genre de manœuvre ; lorsque la bôme est presque dans l'axe du bateau et que la grand-voile reçoit encore le vent de son amure initiale (bâbord, en l'occurrence), le barreur accomplit un double geste, rituel et décisif. Il empoigne franchement la bôme d'une main et, de l'autre, met la barre sous le vent ; le voilier abat et le vent prend d'un seul coup sur l'autre face de la voile. On a viré. Encore faut-il, à cet instant précis et le plus vite possible, que le barreur file l'écoute en grand et compense une nouvelle tendance du bateau à lofer sur l'autre bord. C'est précisément la manœuvre que nous venons de réussir. Il n'était que temps : un fort courant nous dépale sur La Gamelle et nous allons entrer en force dans le port d'Audierne.

Par temps frais, le virement de bord lof pour lof est une manœuvre sérieuse qu'il faut toujours préparer avec soin ; le moindre incident peut dégénérer en accident parfois grave.

Les risques les plus courants sont toujours dus à une erreur humaine. Le plus grave de tous est l'empannage intempestif ; il survient lorsque le barreur a tellement abattu que le bateau dépasse le vent arrière sans que l'homme de barre s'en aperçoive ; le voilier navigue alors sous la *mauvaise panne,* ce qui ne dure jamais longtemps... Au moindre changement de vent ou coup de roulis plus accentué, la voile (et la bôme !) passent très brutalement sur l'autre bord. Ce véritable bélier balaie tout l'espace au-dessus du cockpit. Si la tête d'un équipier se trouve sur son passage, c'est la catastrophe ; assommé, l'homme peut se retrouver à la mer, inconscient et meurtri ; il court un grand danger. Sans aller jusqu'à cette extrémité, la bôme peut malgré tout être la cause de graves avaries. On ne compte plus le nombre de plaisanciers ayant démâté après un empannage intempestif dans la brise fraîche. La bôme pivote à 180° et arrive en bout de course avec une puissance maximale, brise l'écoute ou arrache le curseur de la barre d'écoute, arrache le vit de mulet et poursuit sa

route en pressant violemment sur les haubans ; s'ils cèdent, le bateau démâte... L'accident survient en une seconde.

L'empannage chinois (pourquoi chinois ?) est moins grave, mais redoutable pour la grand-voile. Il survient lorsque le halebas n'est pas raidi, et souvent il ne l'est pas parce que sorti de son coinceur. Au moment de l'empannage (même contrôlé par le barreur), la bôme se mate (se dresse), le bas de la grand-voile passe (change de bord), mais le haut refuse ; une partie de la voile est à bâbord, l'autre à tribord. Si le barreur n'a pas le réflexe de ré-empanner immédiatement, l'équipage, étonné, entend un sifflement qu'il n'oubliera pas de sitôt puisqu'il devra se cotiser pour acheter une grand-voile toute neuve...

En conclusion, le virement de bord (vent debout ou vent arrière) reste la manœuvre la plus courante de la navigation, celle que l'on doit connaître parfaitement, exécuter vite et bien, à laquelle on doit s'entraîner sans relâche. Elle est gage de sécurité (qui n'a connu l'angoisse du manque à virer au vent des cailloux ?), d'efficacité, de confort et de compréhension du bateau.

Et que dire de l'élégance qui se dégage d'un virement réalisé avec autorité, calmement et promptement, sans gestes ni paroles inutiles ? Que c'est là du travail bien fait, le travail d'un équipage qui aime la mer et le bateau pour le meilleur des motifs : le plaisir...

Le mauvais temps

Quoi qu'on en pense, le premier virement de bord, le premier envoi de spi, la première prise de quai ou le premier mouillage forain ne se font pas sans une sourde inquiétude pour celui qui en assume la responsabilité. Rien de vraiment angoissant, simplement l'interrogation qui précède toute décision, tout acte nouveau, si simple soit-il.

En principe, c'est la répétition de ces manœuvres, avec toutes leurs nuances, qui, peu à peu, confère au skipper la connaissance et l'autorité. Cet apprentissage, qu'avec un peu d'emphase on nomme parfois *initiation,* mieux vaut le considérer comme une compréhension

Changement de voile d'avant sur Pen Duick III. *Le temps se gâte, les grains se succèdent ; il est temps de réduire. Tandis que les deux équipiers du premier plan étouffent le foc nº 1, les deux autres s'apprêtent à enrayer le foc nº 2. Avantage notoire en la circonstance : un pont large et dégagé.*

graduelle des choses de la mer... Si telle manœuvre n'est pas réussie, il faut la recommencer. Ainsi procèdent les débutants... et les champions.

● **Pédagogie et emploi du temps**

On peut imaginer un enseignement méthodique et progressif procédant du plus simple vers le plus complexe. C'est exactement celui dispensé par les écoles de voile et les cours de navigation théoriques. On commence par apprendre dans un livre, puis on s'efforce de comprendre par la pratique.

L'idéal serait d'entamer les manœuvres élémentaires par grand beau temps, mer belle et vent de force 2; de poursuivre par brise fraîche, puis de tâter enfin du mauvais temps en toute connaissance de cause... Malheureusement, les conditions de mer ne se programment pas. Et si l'on peut s'exercer pendant quelques heures de temps assuré, il n'en va pas de même lorsqu'on prend le large. Il faut prévoir les sautes d'humeur du temps... si toutefois on est en mesure de le faire. Il n'est pas impossible qu'à son premier week-end de voile l'aspirant skipper « touche » un vent supérieur à ses compétences. Il sera seul et devra se débrouiller pour assurer la sécurité de son équipage et de son bateau. Difficile épreuve pour un débutant, même s'il ne s'agit que d'un banal grand frais que tous les bateaux habitables peuvent normalement étaler... Là est le risque réel. Mais si, par chance, il a pu se familiariser avec le vent et la mer de façon progressive, s'il a assimilé peu à peu les réglages, les manœuvres, les réactions du bateau par temps de plus en plus fort (et rester toujours en deçà de sa compétence), le skipper ne courra alors vraisemblablement aucun danger.

● **Une échelle très mobile**

Dans la réalité de la mer, les choses ne se passent jamais aussi simplement, d'autant que la notion de mauvais temps n'est pas la même pour tout le monde. Un bon force 5 soufflant à contre-courant dans le passage de la Teignouse a de quoi impressionner le néophyte qui tente pour la première fois de rallier Belle-Île. Il est vraiment dans le gros temps. En revanche, on se souvient du choix de Vito Dumas qui, en plein Atlantique sud, avec des vents de 70 nœuds (force 12), ne met pas en cape mais reste en fuite, porté comme un oiseau au ras de vagues monstrueuses. Gros temps encore...

C'est pourquoi lorsqu'on parle de *temps maniable* ou *non maniable,* il faut prendre en compte les capacités du bateau concerné et la compétence de son équipage. Faute de quoi on risque de n'y rien comprendre... Pour un croiseur moyen, avec un équipage déjà amariné, les choses sérieuses commencent à force 8. Jusqu'à force 6 ou 7, on profite de la mer; le voilier caracole. Dès l'annonce du coup de vent (par la radio ou par les messages du ciel), les choses changent complètement. C'est l'instant des décisions rapides. Il ne s'agit plus de profiter de la mer, mais bien de se préparer à ses assauts. Instants sombres, tendus, où l'équipage se retrouve face à lui-même. Il va falloir livrer combat...

● **Au large... ou aux abris**

En croisière côtière, les tactiques sont limitées. Si le délai le permet, le plus sûr – et le plus tentant – consiste à gagner un abri. Mais il faut en trouver un à proximité, s'assurer qu'il sera accessible (marées, barre, abords difficiles...), qu'il restera repérable si la visibilité diminue, que la montée de la brise n'en interdira pas l'accès s'il est situé au vent, etc. Ce qui fait, finalement, beaucoup de conditions... Si le délai ne le permet pas, la décision raisonnable paraît contre nature : gagner le large. En d'autres termes, se lancer délibérément dans le bruit et la fureur du coup de vent. Insensé, extravagant !... Pourtant, c'est là un choix particulièrement sûr. Au large, la mer sera mieux formée, donc plus régulière; le bateau n'aura pas à craindre les hauts fonds; il pourra, en principe, adopter plus aisément des allures de survie (cape ou fuite), et les éventuelles fausses manœuvres n'auront pas les conséquences graves qu'elles pourraient avoir à proximité de la côte... En revanche, la rançon de la sécurité sera lourde : tension, humidité, mal de mer, inquiétude...

Étaler un coup de vent est toujours une affaire sérieuse. Même si tout est paré, l'équipier qui va à l'avant établir le tourmentin et ramener le foc de route accepte une responsabilité vis-à-vis de lui-même et de l'équipage. Il ne fera pas impunément l'aller et retour jusqu'au balcon avant. Il doit à l'équipage de réussir sa manœuvre tout en se gardant de prendre des risques inutiles. Parfois, tout se passe bien : l'équipier reste à l'aise sur le pont, le mousqueton du harnais glisse sans heurt dans la ligne de vie, l'étrave ne pique pas trop dans la « plume »… L'équipier s'en tire avec les honneurs. Parfois, au contraire, tout se gâte : le mousqueton se coince, le pont est balayé par les vagues, le tourmentin bat dans le vent, l'équipier lâche la drisse parce qu'il a les doigts gourds, et s'il a les doigts gourds c'est parce qu'il est trempé jusqu'aux os… Exténué, grelottant, il revient au cockpit en rampant, engoncé dans son ciré… Dans ce cas, le burlesque le dispute à l'inquiétant.

● **Le secours de la technique**

Avec les enrouleurs de foc, la voile moderne a enregistré un grand progrès ; ils évitent, en principe, de se rendre à l'avant pour changer de voile. Même si le rendement est moindre, cet équipement contribue grandement au confort et à la sécurité des équipages confrontés au mauvais temps. À une seule condition : qu'il ne se coince pas à l'instant le plus critique…

Moins périlleuse, mais non moins nécessaire, la prise de ris successifs est une manœuvre décisive pour la bonne tenue du bateau par vent fort. Elle consiste à réduire progressivement la surface de la grand-voile en serrant de plus en plus de toile sur la bôme. Elle n'exige pas de s'exposer plus avant que le pied de mât, mais implique en général deux équipiers : l'un au point d'amure, l'autre au point d'écoute. Tout le problème réside dans la communication et le synchronisme entre les deux. Mais, ici encore, il est possible de simplifier la manœuvre en envoyant, à la place de la grand-voile, une « petite » grand-voile spécialement coupée pour le mauvais temps. C'est simple, mais encore faut-il en avoir une et, surtout, avoir le temps de l'envoyer… Au surplus, il est indispensable, surtout par mauvais temps, d'obtenir un bon équilibre de la voilure (rapport de surface entre voile d'avant et d'arrière) et de pouvoir le modifier selon les allures ; le vent ne le permet pas toujours…

Dans le mauvais temps, la technique et la compétence de l'équipage se révèlent les facteurs décisifs de la bonne tenue du bateau. Un équipage entraîné doit étaler sans problème les « grands frais » et « coups de vent » que l'on rencontre couramment sous nos latitudes. À l'instar des alpinistes amateurs de sommets vertigineux, des marins de plaisance aiment les brises fraîches, recherchant sur la mer des sensations fortes et salées. En dépit des apparences, ce comportement procède plus du romantisme que du masochisme. Et, d'ailleurs, quel plaisancier, en fouillant dans sa mémoire, ne retrouve pas le souvenir d'un coup de tabac « heureux », vécu, dominé… et raconté avec une évidente satisfaction ?

● **Un coup de vent bien élevé**

Nous étions partis de l'Île-Rousse vers 4 heures du matin, dans l'intention de rallier le continent en une journée. Le calcul était simple : 100 milles à parcourir, moyenne 6 nœuds, soit dix-sept heures de route. Quatre heures plus dix-sept égale vingt et une heures : nous partirions et arriverions au jour…

Comme un fantôme dansant sur le pont dans les premières lueurs de l'aube, Gilles avait relevé le mouillage à heure dite. Au même instant, le foc et la grand-voile étaient envoyés vers le ciel mauve du très petit matin. Il était temps de partir… Dans le silence, le *Dufour 35* s'ébroua et pointa son étrave au nord-ouest. Comme prévu, une petite brise de sud le prit en charge dès qu'il eut dépassé les dangers de l'Île-Rousse. La journée s'annonçait radieuse. Une traversée de rêve… Vers 10 heures, la nouvelle tomba de la radio du bord : « Avis de coup de vent est-sud-est sur les zones Gênes, Ouest-Corse et Provence à partir de midi. » Impossible d'y échapper… Nous étions déjà trop loin de l'Île-Rousse pour espérer revenir avant le début du coup de vent. D'ailleurs, on ne pouvait prendre le risque de se trouver au près (ou vent debout) par vent fort ; un tiers de la route étant déjà fait, ce qui restait se ferait au portant. Ces considérations incitèrent Fausto, le skipper, à continuer.

Vers 11 heures, une tache laiteuse apparut dans l'ouest-nord-ouest d'un ciel jusqu'alors implacablement bleu. À 11 heures 30, elle couvrait tout notre ouest. Vers 12 heures, elle atteignit le sud et commença à masquer le soleil. Vers 12 heures 30, elle occupait tout le ciel et virait au gris. Le vent commença à monter de l'est...

Entre-temps, les dispositions avaient été prises à bord; voilure réduite, cirés et harnais parés, intérieur dégagé, équipets assurés, matériel saisi, boissons chaudes prêtes, etc. Le mauvais temps pouvait venir...

Il vint. Pas trop méchant, tout juste hargneux. Mer courte, hachée, pas très creuse; vent d'est montant à 7 puis à 8, visibilité réduite. Rien que du classique... Grand-voile à deux ris et tourmentin, nous filions allègrement nos six bons nœuds en permanence. Garantie d'une bonne ambiance à bord, notre allure (grand largue) nous permit de bénéficier du meilleur confort que nous puissions espérer. Pas d'embardée, léger roulis, pas une vague embarquée, impression limitée de la force du vent (du fait que *nous allions avec lui*); mer « grognante » mais pas « grondante »...

Vers 18 heures, le vent tomba peu à peu, mais le ciel restait couvert; dans une éclaircie, nous aperçûmes le mont Agel droit devant, puis les tours de Monaco; nous abattîmes alors pour reconnaître le cap Ferrat, et à 21 heures, comme prévu, nous étions mouillés à Villefranche-sur-Mer. Du mauvais temps, certes, mais maniable; banal, pourrait-on dire.

● La cape : une position d'attente

Il peut arriver que les choses perdent de leur banalité et que le vent dépasse 50 nœuds : on entre alors dans le domaine de la tempête... Là, plus question de finasser. Le plaisancier averti n'aura d'autre ambition que de survivre, quitte à reléguer à un plan subalterne la notion de temps et d'espace; route et durée n'auront plus guère d'importance. L'essentiel sera de tenir sans trop souffrir... L'allure dite « de cape courante » est représentative de cette position d'attente; foc à contre, barre sous le vent et grand-voile bordée normalement. Le sloop « se repose », c'est-à-dire qu'il avance à peine mais dérive beaucoup. L'avantage majeur est pour l'équipage, qui se rassemble au chaud et au sec dans un carré pas trop malmené par les vagues. La barre étant amarrée, tous les équipiers peuvent en profiter... Pourtant, le confort n'est que relatif, même si la cape apparaît parfois comme une parenthèse de calme dans le bruit de la tempête. La version « fraîche et joyeuse » de la cape veut, en théorie, que chacun se repose ou change de linge; on prépare une boisson chaude et, pour passer le temps, on joue aux cartes, etc. La réalité ne lui ressemble guère. Le bateau est secoué, le mal de mer rôde et l'angoisse ne s'éteint pas pour autant. Il faut imaginer le carré encombré, l'équipage ruisselant, accablé, inactif, écoutant intensément le grondement de la mer et échangeant par instants des coups d'œil significatifs...

La cape reste une allure comme une autre, avec ses bienfaits et ses inconvénients, même si, dans le mauvais temps, ce n'est pas la plus dure.

● Courage, fuyons !

L'autre allure de survie est la fuite. Elle est plus confortable que la cape, mais également plus dangereuse. Elle consiste, même à sec de toile, à faire route vent arrière sur une mer très difficile, avec tous les risques et les aléas qu'elle entraîne. L'un de ses avantages réside dans sa progressivité. Elle permet de « suivre » le temps et les conditions de mer. Au début, il est possible de fuir avec un foc qui n'est pas forcément le tourmentin; si le vent forcit beaucoup, on peut fuir à sec de toile et ralentir encore le bateau en filant des traînards (aussières) lestés ou non.

Bref, on peut apporter à la fuite toutes sortes de variantes adaptées aux conditions de navigation. Il faut avoir de l'eau à courir pour mettre en fuite et savoir que le bateau est condamné à suivre le vent, sans aucune possibilité d'évolution. Mais il reste actif et l'équipage aussi. C'est ce qui compte. Dans une fuite forcenée, poussé, en pleine nuit,

par des vents de force 10, l'équipage d'un voilier avait fondu de moitié : 50 % de malades (1) qui restaient pelotonnés à l'intérieur d'un cockpit en folie. Chaque vague imprévue (parce qu'invisible) ajoutait à notre malaise, chaque bramement de rafale à notre inquiétude, chaque minute à la durée de notre misère. Mais, aux rares moments où le grondement de la mer le permettait, nous entendions ceux qui, dehors, faisaient marcher le bateau. Ils étaient au cœur du vent ; ils luttaient, barre en main et sens en éveil, indifférents aux sursauts de leur estomac ou au trouble de leur oreille interne. Et l'on se prenait, dans le carré, à envier ceux qui, dehors, faisaient front au mauvais temps.

Finalement, dans le temps dur, et à moins d'une situation désespérée, tout se joue sur la capacité d'action de l'équipage. Cela a été démontré depuis fort longtemps et simplement exprimé par un vieux proverbe : « Tant vaut l'équipage, tant vaut le bateau... »

Un peu irréelle, cette photo où l'embrun et les nuages se confondent. Pourtant, le mauvais temps, lui, est bien présent. Et si le voilier taille sa route « un os entre les dents », c'est peut-être parce que c'est un bon navire, mais c'est sûrement parce qu'il a un bon équipage.

---

(1) Dont l'auteur.

AUX ABORDS
DE LA TERRE

Tout est noir sous la voûte céleste. Loin derrière, la terre des hommes, rassurante. Mais ici, mais devant... l'inconnu, l'indicible, l'innommable. Ne va-t-on pas, soudain, arriver au bout de la mer, pour tomber sans fin ? N'est-on pas en train d'attirer le courroux de la nature pour oser percer ses mystères en s'enfonçant dans les ténèbres marines ?

Qu'est-ce qui lance ces hommes toujours plus loin, en avant, seuls sur des mers désertes et inviolées ? Quelle flamme, quelle force intérieure peuvent bien pousser ces marins à continuer d'avancer sur l'océan de leurs angoisses ? Sans doute la mer est-elle une terrible amante pour tant exiger de ses prétendants. Perdus au monde des hommes, dans une navigation où tout était possible et où la mort pouvait avoir un visage non pas rassurant mais familier, ces hommes-là ont fait les seules vraies conquêtes de l'histoire humaine.

Le repérage en mer

La mer reste la mer, toujours mystérieuse, toujours attirante. Chacun peut y croiser son destin au détour d'un cap, d'une tempête ou d'un chenal mal pavé. Parce que cette sauvage, cette indomptable a été matée. Il ne s'agit pas là des barrages, digues ou autres fétus de paille toujours susceptibles de se voir fendus ou pulvérisés par une vague plus méchante que la précédente. Non. Il serait plus juste de dire que, au cours des siècles, la mer a été investie, insidieusement colonisée par les navigateurs, las sans doute du combat inégal : elle a été banalisée, éclairée, signalée. Des cartes précises déjouent ses pièges.

● **Le balisage**

C'est au XV\ :^e siècle et au début du XVI\ :^e, au moment même où Christophe Colomb fonçait tête baissée vers les « Indes », que furent expérimentées pour la première fois des marques de navigation... dans les eaux européennes. À partir de là, on avança pas à pas dans la définition et la mise en place d'un système « universel » de balisage. Universel ? En 1971, il existait encore, dans le monde, trente systèmes différents. Une telle confusion coûta la vie, cette année-là, à cinquante et une personnes dans le Pas-de-Calais.

Le système actuellement en vigueur fut élaboré après cette catastrophe par l'Association internationale de signalisation maritime. Quel est-il ? Le balisage, rappelons-le, est un ensemble de signaux qui permettent aux bateaux de suivre la bonne route et d'éviter les obstacles. En pleine mer, pas de problème... si l'on peut dire ! En revanche, aux abords des côtes, les choses se compliquent. Hauts fonds, épaves, « cailloux »... comment éviter ces maudits et fatals tourments ? Nuit, brouillard, entrée ou sortie de port... où sommes-nous, où allons-nous ? Les

Le maître phare du littoral français, le Creac'h d'Ouessant. Au large, pas très loin, passe le fameux rail de la Manche, où il ne fait pas bon s'aventurer par temps de brume. De son puissant pinceau de lumière, il rappelle aux grands navires et aux modestes voiliers qu'ici commence la terre... Et ses dangers.

« marques » de balisage, installées par le Service des phares et balises de l'Équipement, sont là pour aider, informer, guider le navigateur. Ces marques sont constituées par des bouées, des tourelles en maçonnerie ou même de simples perches portant chacune un « voyant ». Toutes ont une signification précise, qui se « lit » en fonction de leur forme (cône, cylindre, sphère, ogive, fuseau), de leur couleur (rouge, vert, noir, jaune) et de la forme de leur voyant (cône, cylindre, sphère, croix).

Le système, en Europe occidentale et en Méditerranée, s'appelle le « système A ». Il repose sur deux principaux types de marques : les marques latérales et les marques cardinales.

Les marques latérales

Comme leur nom l'indique, ces marques se trouvent « sur notre côté », bâbord ou tribord, dans les chenaux et à l'entrée des ports. Elles sont numérotées, et leur numérotation commence au large. Il faut donc les interpréter dans le sens *du large vers le port*. Pour sortir du port, et faire route vers le large? Il faut faire exactement le *contraire* de ce qu'indiquent les marques. Simple... Bâbord ou tribord? Un principe :
– *Marque verte*, voyant conique, pointe en haut, feu vert : *à laisser à tribord* ;
– *Marque rouge*, voyant cylindrique (ou tronconique), feu rouge : *à laisser à bâbord*.

Le chenal délimité par ces alignements de marques est apte à la navigation.

UNIFIONS...

Aux États-Unis, en Chine et au Japon, les systèmes de balisage sont différents. Aux États-Unis, le principe du système latéral est même exactement opposé, puisque les marques rouges doivent être laissées à tribord. De plus, les marques ne se lisent pas forcément du large vers la côte, mais répondent plus à une orientation cardinale : vers le sud, le long de la côte atlantique, vers le nord et l'ouest, le long des côtes du golfe du Mexique, et vers le nord enfin, le long de la côte pacifique.

Les navigateurs ont inventé une petite phrase pour s'en souvenir : « *Un tricot vert et deux bas si rouges.* » Un tricot vert : *impair, tribord, cône, vert.* Deux bas si rouges : *pair (deux), bâbord, cylindre, rouge.* Ne souriez pas, cette maxime mnémotechnique et vestimentaire est très efficace! Et nous pourrions citer bien des noms – amis – de plaisanciers qui, perdus dans la brume aux abords de Ouistreham ou de La Rochelle, se sont surpris à murmurer (avec un brin de soulagement) : « Ah! voilà le tricot vert, les bas rouges sont à gauche... »

Finalement, pour suivre les chenaux balisés par le système latéral, il suffit de se tenir entre les balises bâbord et tribord et, si la visibilité est médiocre, de procéder de balise en balise, par sauts de puce successifs.

Les marques cardinales

Ce système fait appel aux points cardinaux et sert à localiser des dangers de la côte ou de la mer. Ainsi chaque marque indique-t-elle *sa propre position* par rapport au danger.

Les marques sont jaunes et noires, coiffées d'un voyant constitué de deux cônes noirs superposés et, parfois, d'un feu scintillant blanc. Quand on identifie un voyant cardinal, l'eau est libre dans la direction qu'il symbolise.
– *Nord.* Deux triangles pointes en l'air, scintillement continu : passer au nord (le danger est au sud) ;
– *Sud.* Deux triangles pointes en bas, six scintillements groupés plus un éclat long : passer au sud (le danger est au nord) ;
– *Est.* Deux triangles opposés par la base, trois scintillements groupés : passer à l'est (le danger est à l'ouest) ;
– *Ouest.* Deux triangles opposés par la pointe, neuf scintillements groupés : passer à l'ouest (le danger est à l'est) ;

Tout cela semble très compliqué; en fait, c'est extrêmement simple, efficace, utile. La connaissance des marques de balisage est un élément fondamental de la sécurité du croiseur côtier.

Autres marques

Il existe d'autres types de balisage, pour aider le navigateur de plaisance.

MARQUES LATÉRALES

Marques de bâbord

Marques de tribord

Feu (lorsque la marque en est dotée) :

Couleur : rouge
Rythme : quelconque

Couleur : vert
Rythme : quelconque

MARQUES DE DANGER ISOLÉ

Feu (lorsque la marque en est dotée) :

Couleur : blanche

Rythme : A 2 éclats groupés

MARQUES D'EAUX SAINES

Feu (lorsque la marque en est dotée) :

Couleur : blanche

Rythme : isophase, à occultation ou à éclat long

MARQUES CARDINALES

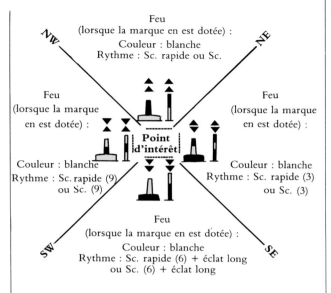

Feu (lorsque la marque en est dotée) :
Couleur : blanche
Rythme : Sc. rapide ou Sc.

Feu (lorsque la marque en est dotée) :
Couleur : blanche
Rythme : Sc. rapide (9) ou Sc. (9)

Point d'intérêt

Feu (lorsque la marque en est dotée) :
Couleur : blanche
Rythme : Sc. rapide (3) ou Sc. (3)

Feu (lorsque la marque en est dotée) :
Couleur : blanche
Rythme : Sc. rapide (6) + éclat long ou Sc. (6) + éclat long

NW   NE

SW   SE

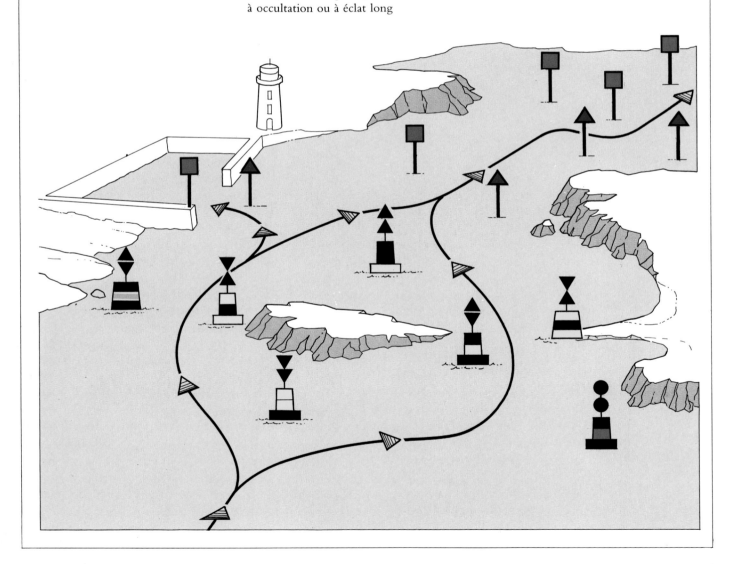

105

– *Les marques d'eau saine*. Elles sont peintes de raies verticales rouges et blanches et sont surmontées, éventuellement, d'une sphère rouge. Très bon signe, cette sphère rouge : elle signifie toujours que l'on peut passer d'un bord ou de l'autre, au choix. Le feu, s'il existe, est blanc. Les marques d'eau saine se trouvent, en général, là où, circonspect et prudent, le marin ne s'aventurerait pas à la légère : l'entrée d'un chenal, par exemple.

– *Les marques de danger isolé*. Peintes en noir avec de larges bandes horizontales rouges, elles sont surmontées de deux sphères noires superposées. Le feu, s'il existe, est blanc à deux éclats groupés. Elles sont posées sur le danger (étendue limitée) qu'elles signalent.

– *Les marques spéciales*. Elles sont l'équivalent du point d'exclamation du Code de la route. En effet, les fonds marins peuvent cacher nombre de mauvaises surprises : câbles, fûts radioactifs, matériel militaire, épaves et autres plaisanteries. Pour elles, des marques jaunes à voyant jaune en forme de « X », et parfois un feu jaune.

● **Les feux et les signaux**

En consultant une carte marine, on remarque de petites « larmes » couleur magenta. Elles indiquent les « feux », qui sont les lumières émises par les phares, les bateaux-feux, les tourelles et les bouées. La nuit maritime sait donc briller, scintiller, clignoter... Pour s'en convaincre, il suffit de grimper nuitamment sur la pointe du Van pour admirer le somptueux feu d'artifice qui resplendit sur l'Iroise...

Ici encore, on s'en doute, il y a un mode d'emploi. Le *Livre des feux* indique la position et les caractéristiques de tous les feux utiles à la navigation : secteur, hauteur, construction ou signaux de brume et bouées lumineuses (en France). Seuls la France, la Grande-Bretagne et les États-Unis publient un *Livre des feux* pour le monde entier. De

quoi être ébloui... Voici comment sont identifiés les feux, en fonction de caractéristiques conventionnelles :
– *Couleur* : vert, rouge, blanc. Pour les marques spéciales : jaune.
– *Type* : feu fixe, feu à éclats, feu à occultations, feu isophase, feu scintillant :
☐ feu fixe : le feu est continu et uniforme ;
☐ feu à éclats : la période de lumière est plus courte que l'éclipse ;
☐ feu à occultations : la période d'éclipse est beaucoup plus courte que la période de lumière ;
☐ feu isophase : chacun des temps – lumière et obscurité – est égal à l'autre ;
☐ feu scintillant : c'est un feu isophase comptant plus de quarante alternances de lumière et d'obscurité par minute.
– *Rythme* : les alternances de lumière et d'obscurité sont rythmées et indiquent... le rythme du feu. Ainsi, un feu à occultations peut être régulier, irrégulier ou à « n » occultations.

LES ANCIENS PHARES

Depuis les temps les plus reculés, les hommes ont navigué de nuit. Au large, ils s'orientaient tant bien que mal sur les étoiles et arrivaient à se situer approximativement. Aux abords des côtes, les étoiles ne suffisaient pas. Ils ont alors imaginé d'élever des tours portant un feu visible de loin.

On pense que le premier phare serait la tour de Sigée, en Asie mineure, édifiée au VIIIe siècle avant Jésus-Christ. Vient ensuite le Pharos d'Alexandrie (IIIe s. av. J.-C.), qui aurait donné son nom aux « phares ». On suppose que le Colosse de Rhodes aurait servi de phare à la même époque, mais rien ne le prouve formellement. La tour d'Ordre, à Boulogne, et la tour de Douvres sont de construction romaine. Ce n'est que dans la seconde partie du XVIIe siècle qu'apparaissent les feux permanents : les Baleines, l'île de Ré, Chassiron, Ouessant et le cap Fréhel. La plupart des grands phares en mer datent des XIXe et XXe siècles.

Deux perches solitaires aux abords de Chausey. L'archipel, véritable semis de cailloux, est littéralement hérissé de ces marques modestes mais ô combien utiles ! Personne ne pourra dire quels fieffés services elles ont pu rendre, mais tous les plaisanciers leur doivent de la reconnaissance.

Le grand phare du Fastnet, îlot situé au large des côtes sud-ouest de l'Irlande. Bien connu des amateurs de compétition, il a donné son nom à l'une des courses les plus célèbres. Construit en 1854 sur un rocher austère et désolé, il veille depuis plus d'un siècle sur la navigation.

distraction, on se servit des cloches, des gongs, des coups de petits canons, des tirs de fulmicoton.

Aujourd'hui, on utilise :

– *Les diaphones,* qui ont un son très grave, comme un souffle monstrueux. Qui ne s'est jamais trouvé à Ouessant, la nuit, sur la côte lunaire, au pied du

Créac'h à l'énorme respiration, ne s'est jamais senti entraîné outre-tombe...

– *Les sirènes,* sur les phares généralement. Elles ont le même rythme que le feu, mais leur période est plus longue.

– *Les trompettes,* sur les jetées des ports.

– *Les cloches et les sifflets,* sur les bouées.

C'est alors la mer, au gré de ses sauts,

• Radio-signaux

De la technique, encore de la technique... L'œil est remplacé par un récepteur radio et les ondes lumineuses par des ondes radioélectriques ; le récepteur transforme les ondes transmises par un radiophare en sons. Divers documents fournissent en outre les caractéristiques de ces radiophares implantés à terre ou sur bateau-feu, ce qui permet au navigateur de connaître sa position par rapport à l'émetteur.

• Les amers

Avec les amers, nous fermerons la boucle du repérage en mer.

En effet, si les « marques » ne concernent stricto sensu que ce qui est installé par les Phares et Balises, les amers tiennent pourtant leur place.

Il s'agit des points fixes et parfaitement visibles. Il existe des amers officiels et mentionnés dans les livres, tels que les phares, châteaux d'eau, tours, rochers blanchis, etc., mais aussi des amers « sauvages » tels que clochers, cheminées d'usines, arbres et autres repères.

Les anciens ne disposaient que des amers pour retrouver l'entrée de leur port préféré. Mais ils étaient « pratiques » (1) et ne risquaient pas, eux, au retour d'une pêche, d'être agressés par la

Ce puissant voilier qui gagne le large en parant une bouée bâbord (voyant : cylindre rouge) n'est autre que Pen Duick VI *soi-même... C'est que, pour les experts comme pour les débutants, le respect du code de la route maritime est un impératif absolu. Une bonne raison à cela : la sanction de la mer serait irrémédiable. À bon entendeur...*

sursauts et soubresauts, qui règle leur rythme. C'est également dans le *Livre des feux* que l'on trouve les caractéristiques de ces signaux de brume. Mais ceux-ci ne sont pas une panacée. Le brouillard déforme les sons, et tel signal entendu par tout l'équipage à bâbord peut se trouver à tribord. Ou l'inverse...

---

(1) Pratique : celui qui a l'habitude, la pratique – et donc la connaissance – d'un secteur maritime.

déroutante vision d'une « marina » ou d'un « hôtel du large » et de ne point y reconnaître l'amer recherché. Prudence, donc, avec les amers.

Les virtuoses du mouillage

Nous nous préparons à un mouillage nocturne dans une crique inconnue – ce qui n'est pas une mince affaire –, et je ne peux m'empêcher de penser à ce que sera demain ce décor sombre et vaguement inquiétant. La fatigue, le sommeil, l'obscurité trompent le regard et faussent le jugement. Mais la carte est formelle : il y a ici assez d'eau et de protection pour passer une nuit au calme, et la carte a toujours raison. Donc nous mouillons et allons dormir. Au jour, nous aurons la surprise de découvrir notre abri.

Parfois, la surprise est bonne ; un panorama grandiose nous entoure, fait de falaises protectrices, de mini-plages secrètes, de pinèdes à l'infini... Parfois, elle l'est moins ; une raffinerie toute proche, des bungalows couvrent la plage, un égout débouche à 30 mètres... Mystères et hasards d'une navigation où l'imprévu reste possible, où la fantaisie n'est pas encore programmée et garantie.

Pourtant, plus on avance sur des mers inconnues, plus on réalise son vieux rêve d'évasion, plus on bute – pour le meilleur ou pour le pire – sur les risques de la découverte, plus l'émotion devient forte. Et chaque fois que nous préparons un mouillage de nuit dans la baie du Stiff ou sous les Lavezzi, je me souviens de la simple histoire que raconte notre ami Bob Monnier.

Depuis dix jours, Monique et lui, à bord de *Saint-Pathy*, longeaient la corne de l'Afrique en direction des Seychelles. Le onzième jour, dans l'après-midi, apparaît dans le cap, en plein sud, un petit promontoire grisâtre dressé sur l'horizon avec, au-dessus de lui, le nuage significatif. La première île des Seychelles ! Joie légitime des deux compagnons, qui en rêvaient depuis deux ans. L'après-midi est consacré à l'approche ; l'île se hausse, d'autres se démasquent, et peu à peu, poussé par un petit vent, *Saint-Pathy* s'approche de l'archi-

pel. La nuit tombe ; la lune est peu généreuse, mais qu'importe. Bob et Monique ont décidé d'atterrir sur Pralin, précisément à Baie-Chevalier, un mouillage facile, reconnu et, paraît-il, magnifique. À 2 heures du matin, *Saint-Pathy* mouille donc à 100 mètres d'une plage invisible, sur 6 mètres d'eau et fond de sable.

Tout est accompli. Le paradis, ils y sont... Pourtant, ils n'en voient pas grand-chose ; ils devinent la montagne, les cocotiers, la plage... Le doute s'installe. Et si le paradis n'était plus ce qu'il était ? S'il ne s'agissait que d'une illusion exotique ?

Quand ils se réveillent, il fait grand jour. D'un bond, Bob est dans le cockpit, ébloui par le soleil : voir enfin les Seychelles ! Mais, au dernier instant, il hésite, garde les yeux plissés, baisse la tête, et reste là un bon moment, immobile, à lorgner le plancher, incapable de regarder son paradis en face... Quelle émotion ! Lorsque Bob s'est enfin décidé à ouvrir les yeux, les Seychelles tenaient leurs promesses. Ils n'avaient pas fait la route pour rien.

Voilà la belle et simple histoire à laquelle je pense chaque fois que, dans un bruit de mitrailleuse, nous préparons la bitture pour un mouillage de nuit.

● Le rituel du mouillage

Revenons à des conditions moins exceptionnelles. Cette fois, c'est nous qui sommes en piste. Il fait grand jour. Depuis un bon quart d'heure, le chef de bord considère la terre d'un œil plutôt critique. De temps en temps il saisit ses jumelles et scrute le paysage. Le soleil écrase les collines arides qui se dressent sur un ciel absolument bleu. Nous atterrissons sur Girolata. Le rituel du mouillage n'est pas commencé, mais il faut s'y préparer. Pour l'heure, nous avons encore le temps.

Un dialogue s'amorce entre le navigateur penché sur sa carte, à l'intérieur, et le barreur, à l'extérieur, qui suit son cap sans faillir.
– Tu devrais voir deux pointes terminées par un piton... dit le navigateur.
– ... Oui. Des pitons assez hauts...
– À bâbord, c'est la pointe Rossa, et à tribord, le cap Rosso.

– Ça pourrait être ça... Mais au milieu, il y en a un autre...

Le navigateur, étonné, saute dans le cockpit.

– Où ça, un autre ?

– Là, en face...

Le navigateur redescend. Un temps, puis :

– C'est bon ; au milieu, c'est le cap Cenino, tu le laisses à tribord. Tu ne vois pas une tour ?

– Des tours, il y en a partout !

Une heure plus tard, le voilier entre dans le golfe de Girolata ; une heure encore et la parade commence.

Le préposé au mouillage s'équipe : bottes et gants, même en pleine cani-

cule. Généralement en groumant (1), il gagne l'avant où se tient la baille à mouillage. La baille à mouillage est un compartiment installé près de l'étrave et auquel on accède par une sorte de trappe. En principe, c'est là que l'on range soigneusement l'ancre, la chaîne et parfois les aussières qui lui font suite. La plupart du temps, rien n'est rangé. L'ancre a été poussée dans son trou et la chaîne entassée n'importe comment. On retrouve tout cela pêle-mêle. Avec un peu de chance, on peut aussi y découvrir de la vase, du sable, des algues dans un

_____
(1) Groumer : vient de la vieille marine ; synonyme de grogner.

On peut aimer cela... On peut aussi détester. Affaire de goût. Pourtant, en considérant le garage à bateaux de Porquerolles, on ne peut s'empêcher de penser que tout près de là, dans la baie du Langoustier, il y a probablement de la place... Et beaucoup plus de calme !

113

état de décomposition avancé, et même un peu de rouille. La première opération – après avoir maudit ceux qui ont relevé le mouillage l'autre jour – consiste à nettoyer le tout à coups de seaux d'eau. Ensuite, on exhume le contenu et l'on vérifie l'étalingure. Celle-ci mérite qu'on s'y arrête un instant ; c'est un petit cordage reliant l'extrémité du mouillage au bateau par l'intermédiaire d'un piton. Son rôle est subtil. Il consiste à éviter qu'un maladroit perde la ligne de mouillage en la laissant filer totalement ; il faut

donc à l'étalingure une certaine solidité, mais pas trop tout de même : dans une situation critique, elle doit se larguer au couteau (on sacrifie le mouillage), ce qui est nettement plus facile avec un brin de Nylon (auquel on donne tout de même plusieurs tours) qu'avec une chaîne (1)…

Donc, le mouillage est extrait de son cloaque, lavé et déposé sur le pont sur une longueur au moins égale à trois fois

----

(1) Fixer la chaîne par une manille est une hérésie dangereuse.

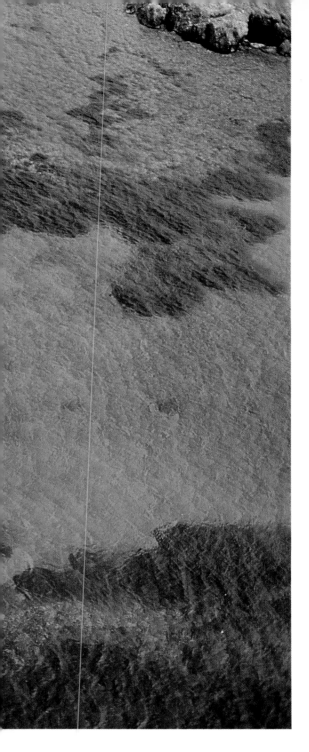

par les mailles les plus proches de l'ancre, puis constitue un autre tas en sens inverse. Ainsi, les mailles les plus proches de l'ancre se trouveront *au-dessus* et fileront sans problème. S'il est perfectionniste, il peut enfin se livrer au plaisir enivrant de la bitture. La chaîne est disposée en zigzag sur le pont, sans superposition, pour qu'elle file sans à-coups et sans heurt.

Enfin, pour mettre un point final à son œuvre, l'équipier devra engager l'ancre dans le davier d'étrave ou dans le chaumard, en prenant grand soin de la faire passer *sous* le balcon. Au besoin, il peut peaufiner et amarrer l'ancre au balcon ou sur le davier au moyen d'un raban. Généralement, le préposé au mouillage revient dans le cockpit plutôt de mauvaise humeur, surtout par temps frais.

Mais, aujourd'hui, tout s'est bien passé. La mer est d'huile et la tour de Girolata se dresse juste devant nous, à un quart de mille à peine.

● **Une manœuvre exemplaire**

Pourtant, une mauvaise surprise nous attend derrière le petit éperon rocheux. Le mouillage est comble. Il y a là quelques dizaines de voiliers, côte à côte, serrés comme des sardines, empêtrés dans un espace minuscule : l'affluence des grands jours. Prudent, le chef de bord commande de faire un tour de piste pour voir les choses de plus près, et nous entreprenons un slalom entre les bateaux immobiles. Visiblement, des lignes de mouillage se croisent, certains bateaux sont à deux mètres les uns des autres (on a mis des défenses pour se « protéger »), des orins flottants guettent sournoisement les hélices et, au large, d'autres voiles s'annoncent... Pas bon, tout cela ; en tout cas, pas bon pour nous. Que se passera-t-il si le vent tourne ou si le Libeccio se lève ? Une jolie pagaille, sans doute, ou un début de panique, comme cela s'est déjà vu. Autant ne pas y penser et choisir un autre mouillage, moins abrité peut-être, mais finalement plus sûr.

Le chef de bord et le barreur ont échangé un coup d'œil ; ils se sont compris. Le bateau vire, le foc passe, l'étrave pointe maintenant sur l'anse Tuara.

La Méditerranée est parfois bonne fille. Il arrive qu'elle guide le navigateur à travers ses hauts fonds au point qu'il est aisé de choisir sa place. En même temps, elle nous offre des mouillages de rêve où les bateaux survolent des paysages aquatiques d'une surprenante beauté. Franchement, qui, marin ou pas, ne souhaiterait musarder quelques heures dans ces lieux enchanteurs ? Qui ?

la hauteur d'eau prévue (la carte renseigne sur cette hauteur). Après avoir estimé la longueur nécessaire, le préposé au mouillage fait trois tours morts sur une bitte, en prenant soin de les faire dans le bon sens : la chaîne qui vient de l'ancre en bas, les tours au-dessus. Il est ainsi possible, quelle que soit la tension ultérieure du mouillage, de lui donner du mou ; dans le sens inverse, c'est autrement compliqué...

L'équipier de service entreprend de mettre la chaîne en tas, en commençant

L'anse Tuara est une petite niche à un mille de Girolata ; elle n'est guère abritée et s'ouvre au sud-ouest, ce qui n'est pas un avantage, mais, au moins, il y a de l'espace. Trois cents mètres de large ; voilà ce qu'il nous faut.

L'équipier de mouillage est prié de reprendre son poste. Le chef de bord choisit l'endroit exact où il compte mouiller : ici, dit-il au barreur et à l'équipier, qui mémorisent l'endroit en prenant des alignements rapides. Le rituel commence.

Le voilier s'éloigne, vire et remonte dans le vent, au près bon plein. Le foc est amené et rapidement ferlé sur une filière ; le bateau ralentit mais conserve une bonne vitesse, il navigue sous grand-voile seule ; celle-ci est régulièrement bordée, tandis que le barreur remonte au vent jusqu'à l'allure du plus près serré. Tout l'équipage est à son poste, silencieux et attentif. Il faut être prêt à tout ; un mouillage à la voile réussi est une manœuvre royale...

Finalement la grand-voile est choquée en grand ; le bateau perd sa vitesse au fur et à mesure qu'il se rapproche du point de mouillage.

À présent, le voilier n'avance plus que sur son erre, face au vent ; il ralentit encore et finalement s'arrête. C'est l'instant décisif ; le bateau ne cule pas encore, il est en équilibre. C'est maintenant...

Alors, dans le silence de l'anse Tuara, l'ordre tombe : « Mouille ! », immédiatement suivi du « plouf » de l'ancre et du galop de la chaîne qui se dévide. L'ancre touche le fond, le voilier commence à culer, l'équipier d'avant laisse filer un peu de chaîne supplémentaire qu'il contrôle à la botte, l'ancre croche. Encore un peu de chaîne pour bien l'élonger sur le fond, puis l'équipier bloque la chaîne pour contrôler que l'ancre a bien croché ; si tel est le cas, il n'insiste pas et laisse filer la chaîne à la demande, au fur et à mesure que le bateau cule. La chaîne se dépose en ligne aussi droite que possible, ce qui, dans l'anse Tuara, se contrôle visuellement tant l'eau est claire.

Finalement arrive le moment où toute la chaîne est mouillée, c'est la minute de vérité : le voilier qui culait légèrement en travers du vent s'arrête, la chaîne se

Un mouillage à La Trinité. Le ciel est couvert, et le temps demeure incertain. Pourtant, rien de grave ne peut advenir. En juillet 1969, nous avons ici-même étalé une tempête mémorable ; agrippé à son corps mort, Takeru a fait front sans faillir. D'autres n'ont pas eu la chance — ou le temps — de trouver cet abri...

tend, le bateau pivote et fait tête au vent. La manœuvre est réussie. On la peaufine en ajoutant quelques mètres à la ligne de mouillage pour placer le bateau à l'endroit exact choisi par le chef de bord. On vérifie le fond au sondeur : six mètres, c'est bon. Pour plus de sécurité, le chef de bord et (secrètement) des équipiers prennent des relèvements et veillent à ce qu'ils ne varient pas, tout en mettant le pont en ordre.

Le bateau est convenablement mouillé. L'agitation se calme et l'équipage au repos se sent soudainement empli d'une satisfaction intense...

● On touche le fond !

Cela, c'est le mouillage idéal, sans bavure et sans injures, le mouillage royal, fignolé, réussi. Il y a malheureusement, à l'autre bout de la gamme, le mouillage catastrophe où rien ne va ; tout est irrémédiablement raté, manqué, incompris ou mal fait. Il se déroule dans la nervosité, les braillements, voire le ridicule. À proprement parler, le mouillage catastrophe est indescriptible tant il en existe de versions. Tout peut arriver. Et tout arrive... De la tragédie au burlesque le plus fou.

Un soir, nous nous sommes présentés, Jean et moi, devant un mouillage étroit et encombré. Jean tenait la barre, j'étais à l'avant. Nous arrivions grand largue, poussés par une jolie brise qui faisait chanter notre étrave. Dans le vent, je criai : « Dirige la manœuvre ! », ce que Jean, un peu sourd dans la brise, traduisit par : « JE dirige la manœuvre. » Nuance... Tout le drame de la communication. La suite est proprement irracontable, mais facile à imaginer. Un voilier lancé à 6 nœuds au milieu d'une toile d'araignée d'aussières, de chaînes et d'orins, de bateaux au repos, d'annexes, etc., le tout dans un cul-de-sac. Ubu plaisancier. Nous avons vraiment failli en venir aux mains...

Et pourtant, cela arrive à tout le monde ; tout amateur de voile a, dans le secret de sa mémoire, une anecdote qu'il ne raconte qu'à quelques intimes. Une brève histoire où les dieux étaient contre lui, où il a mémorablement cafouillé, perdant à la fois le sens de la courtoisie et celui de la mesure.

Ils foisonnent, ces petits drames qui nous ramènent chaque fois à un peu plus de méfiance face à l'extravagant engin qu'on appelle voilier...

● Manœuvrer vite et juste

Ces incidents peuvent prendre une tout autre dimension si le temps est mauvais, soit que le coup de vent survienne au mouillage, soit que l'on tente de mouiller par brise fraîche. Là, l'affaire devient sérieuse ; il ne s'agit plus de risquer une petite blessure d'amour-propre, mais bien d'engager la sécurité du bateau et celle de l'équipage. L'événement – et la manœuvre – changent de registre.

Soyons clair : si le temps se gâte vraiment, la sagesse consiste à renoncer à mouiller ; il faut faire du large, foncer dans le mauvais temps, même si le havre est tout proche. La décision est pénible à prendre, mais l'expérience prouve que c'est une mesure de sauvegarde. Même s'il n'y a pas de côtes protectrices à trouver, il vaut mieux repartir que risquer d'atterrir dans les brisants. Le paradoxe se confirme : en mer, le principal danger, c'est la terre...

Si le temps reste maniable et si le mouillage semble possible, on peut tenter l'aventure. Seules précautions : être paré, équipé ; manœuvrer vite et juste. Bonne chance... Nous n'en dirons pas plus, sinon qu'un bon moteur peut ici se révéler autre chose qu'un lest inutile, sale et bruyant.

Pour mouiller par mauvais temps – ou pour étaler un coup de vent si le bateau est déjà au mouillage – on n'a guère que deux solutions (et encore, l'une d'elles est plutôt déconseillée par le Centre nautique des Glénans, qui sait ce que mouiller veut dire) : affourcher ou empenneler.

● La manœuvre d'affourchage

Affourcher consiste à mouiller deux ancres sur des lignes différentes ; celles-ci font alors une « fourche » à l'avant du bateau. Deux conditions pour réussir ce type de mouillage :
– que l'angle de la fourche ne dépasse pas 10° ;
– que les deux ancres travaillent simultanément et non alternativement (bien régler chaque ligne).

L'affourchage est la solution la plus fréquemment retenue pour étaler un coup de vent survenant lorsque le bateau est déjà mouillé. On garde le premier mouillage et l'on en établit un second (dit « mouillage d'affourche ») dans la direction du vent, sans dépasser toutefois l'angle fatidique.

Un avantage de l'affourchage, dans un mouillage étroit ou encombré, est qu'il réduit l'évitage ; il est donc particulièrement recommandé partout où il y a peu d'eau libre. Il a cependant l'inconvénient de contraindre l'équipage à porter au vent l'ancre d'affourche, ce qui n'est pas toujours de tout repos...

La manœuvre est la suivante : le bateau revient sur son mouillage, légèrement en avant ou en arrière de sa première ancre, et mouille la seconde au vent en tenant compte des fameux 10°. Si cette manœuvre se révèle impossible, il faut porter le second mouillage avec l'annexe ; l'ancre est saisie à l'extérieur (contre le tableau en bois) avec un bout quelconque, « en cravate ». Puis on constitue un tas bien pensé dans l'annexe, l'extrémité de la chaîne étant reliée au bateau par une forte et longue bosse d'une vingtaine de mètres. Cela fait, quelques équipiers embarquent avec mission de gagner au vent un maximum de distance dans un minimum de temps. Lorsque l'endroit idéal est atteint, l'ancre est larguée et la chaîne est récupérée à bord au moyen de l'aussière.

● L'autre solution : l'empennelage

Empenneler consiste à mouiller deux ancres sur la même ligne : d'abord une petite, avec une longueur de chaîne au moins égale à la hauteur d'eau maximale, puis l'ancre principale. La longueur de chaîne entre les deux ancres est primordiale, car il ne faut à aucun moment (en relevant l'ancre) se trouver en situation de soulever les deux ancres à la fois. Lorsque l'empennelage est bien effectué, les deux ancres travaillent ensemble et le mouillage est efficace.

Pour effectuer la manœuvre : les deux ancres sont parées sur le pont, chacune avec sa bitture ; l'extrémité de la chaîne de la première ancre est reliée au diamant de la seconde par une manille assurée. La première ancre est mouillée

de manière classique ; dès qu'elle croche, la seconde est rapidement mise à l'eau, en apportant un maximum de soin à l'élongement de la chaîne entre les deux. Lorsque la seconde ancre croche à son tour, l'équipage procède à nouveau de façon classique.

Empenneler n'est certes pas aisé ; au surplus, ce type de mouillage est parfois contesté, surtout si l'on utilise des ancres à bascule. Mais nous avons personnellement étalé plusieurs coups de vent sur mouillage empennelé avec de bons résultats. Heureusement, d'ailleurs : l'empennelage était chaque fois la seule manœuvre réalisable...

Autre version du mouillage enchanteur. Ce trimaran assagi fait une halte sous les Tropiques ; histoire de souffler un peu... La carte postale exotique est complète, trop peut-être : l'invitation est davantage aux plaisirs douceureux de la terre qu'aux joies salées du grand large.

● **Paré à appareiller !**

Si mouiller à la voile dans le silence du soir est une manœuvre délicate et d'une grande élégance lorsqu'elle est réussie, l'appareillage sur ancre ne manque pas de solennité. Le rituel est encore plus élaboré ; en fait, il est quasi intangible, les néophytes comme les anciens y sacrifiant de la même manière, méthodiquement et de leur mieux...

Personnellement, je vois dans cette série de manœuvres obligatoires et répétées une sorte de reprise en main des activités de navigation. Lorsqu'il danse au bout de sa ligne de mouillage, le voilier n'est plus tout à fait un bateau, plutôt un abri. Il ne redevient navire que lorsqu'il se libère de la terre et s'ébroue. La terre, ce peut être le quai, le fond de la mer ou le cat-way...

La nuit a été bonne. Le soleil est déjà haut lorsque les premières odeurs de café se glissent dans le carré. L'équipage se retrouve autour de la table et prend ses dispositions pour cette nouvelle journée de navigation. Le baromètre est stable, le ciel ponctué de petits cumulus (des cumulus de beau temps), et le vent n'atteint pas force 4. Le bulletin météo confirme la persistance du régime anticyclonique pour la journée et la nuit. L'idéal... Il faut en profiter.

La dernière tartine avalée, l'équipage s'organise et prépare le bateau ; le génois est endrayé, la grand-voile déferlée, prête à être hissée, son écoute, le halebas et la balancine mollis. Le barreur et le foquier sont à leur poste, un équipier se place en pied de mât et un ou deux autres à l'avant, les mains gantées, parés à relever l'ancre ; le chef de bord dirige la manœuvre et décide – à haute et intelligible voix – de l'amure sous laquelle le bateau appareillera. Tout est prêt. Le ballet immuable s'engage, solennel et précis.

– À envoyer la grand-voile ! lance le chef de bord.

La grande lame de toile grimpe par saccades le long du mât ; elle atteint le sommet dans un cliquetis de winches et bat dans le vent. L'équipier raidit le halebas et reprend un peu de balancine ; sa tâche est terminée (1).

Entre-temps, les deux équipiers d'avant sont entrés en scène et ont entrepris de relever le mouillage, l'aussière d'abord puis la chaîne ; ils embraquent régulièrement. Le voilier revient à la vie ; la grand-voile claque, la chaîne gronde sur le davier, la coque frémit. Peu à peu, la chaîne remonte à bord. Une partie de la longueur qui était étalée sur le fond se trouve maintenant sur le pont ; l'un des équipiers d'avant estime que le mouillage est à « long pic » (c'est-à-dire que le bateau est encore mouillé sur ancre mais qu'il n'y a presque plus de « réserve » de chaîne sur le fond) et le fait savoir à l'équipage, tout en pestant contre l'absence de guindeau sur ce bateau... La manœuvre continue et la chaîne s'accumule. Une deuxième fois, l'équipier d'avant donne de la voix.

– À pic ! crie-t-il.

IL FAUT CHOISIR

Les experts ont longuement expliqué – et l'expérience l'a toujours confirmé – que la tenue d'une ancre dépend essentiellement de son angle de traction. Plus il est fermé, meilleure est la tenue. La longueur de la chaîne mouillée et son poids interviennent donc de façon décisive.

La première qualité de la chaîne est son poids : celui-ci maintient la traction de l'ancre au fond en servant d'amortisseur aux rappels du bateau. Il permet à l'ancre de travailler à l'horizontale.

Poids de la chaîne au mètre : $\varnothing$ 6 : 0,75 kg ; $\varnothing$ 7 : 1,05 kg ; $\varnothing$ 8 : 1,35 kg ; $\varnothing$ 10 : 2,10 kg ; $\varnothing$ 12 : 3 kg ; $\varnothing$ 14 : 4,10 kg ; $\varnothing$ 16 : 5,6 kg.

Il existe deux types de chaîne : la chaîne courante et la chaîne éprouvée, dont la résistance est de 25 kg au mm^2 (15 kg au mm^2 pour la chaîne courante). Une chaîne courante de 10 mm de diamètre peut être remplacée par une chaîne éprouvée de 8 mm (respectivement, résistance de 1 180 kg et de 1 250 kg). Mais si le gain de poids n'est pas négligeable, la chaîne trop légère n'amortit pas suffisamment les rappels et il faut en mouiller plus. Il faut choisir...

---

(1) Il faut aussi se parer à envoyer le foc, si nécessaire ; dans cet exemple, le voilier appareille sous grand-voile seule.

Cette fois, le bateau est presque à la verticale de son ancre; dans quelques secondes, celle-ci va se décrocher (déraper) et il sera libre. C'est l'instant décisif de l'appareillage.

En principe, le voilier a pris un peu d'erre et il est déjà manœuvrant; le chef de bord doit immédiatement décider du coup de barre à donner pour déraper sous la bonne amure, jeu subtil et passionnant. Le plus souvent, le barreur réagit de lui-même pour présenter le bon bord au vent, mais l'opération est aléatoire et sujette à de grosses remontrances en cas d'échec...

– Dérapée! lance l'équipier d'avant.

Cette fois, tout est joué; le navire est libre, il faut le mettre en route. La grand-voile est bordée prestement, le vent porte, le bateau gîte un peu et, lentement, commence à glisser. On envoie alors le génois.

● **Par élégance et par nécessité**

La tâche des équipiers d'avant n'est pas terminée pour autant; il leur faut remonter la fin de la chaîne et l'ancre qui pend au bout. S'ils sont perfectionnistes, ils annoncent encore « Haute! » lorsque l'ancre affleure et « Claire! » lorsqu'elle est hors de l'eau. Plus généralement, la fin du rituel est escamotée et remplacée par des appréciations peu flatteuses sur les objets métalliques, les fabricants d'ancres et sur l'ineptie évidente de prétendre naviguer pour son plaisir... En revanche, ce qui ne relève pas du perfectionnisme et qu'il faut absolument faire, c'est nettoyer la chaîne et l'ancre avant de les disposer dans la baille à mouillage. C'est le dernier geste de la manœuvre, un geste d'élégance qui sera apprécié ce soir ou demain par ceux qui auront la charge de mouiller l'ancre... Alors, et seulement alors, les équipiers d'avant pourront souffler un peu, se changer et faire quelques commentaires sur la manœuvre. ... Ils pourront aussi s'étonner de la beauté grandiose du golfe de Porto qui apparaît à bâbord.

● **À quai**

Aujourd'hui, le plaisancier moyen, pour passer la nuit, préfère souvent se pelotonner frileusement contre un cat-way que descendre à terre. Pourtant, elle est

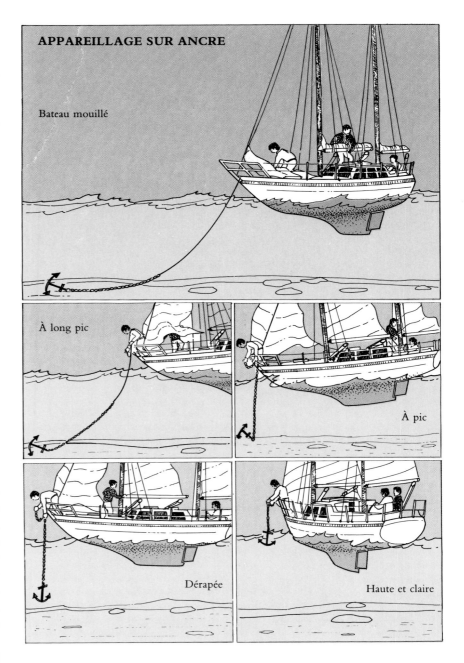

APPAREILLAGE SUR ANCRE

Bateau mouillé

À long pic

À pic

Dérapée

Haute et claire

là, la terre, à quelques mètres, et avec elle l'électricité, l'eau courante... Confort et sécurité garantis en échange d'une modeste contrepartie monétaire que de mauvais esprits ont parfois appelée d'un vilain nom en usage à Chicago dans les années 30...

Mais il peut arriver – par amour de l'art ou par nécessité – que le voilier et son équipage se retrouvent dans un port de pêche isolé que les temps modernes n'ont pas encore transformé en marina. Tout juste un quai rustique, mais protecteur. Il faudra faire avec...

Mouiller à quai n'est pas en soi une manœuvre complexe s'il y a assez de

Le rituel séculaire de l'appareillage sur ancre. Le voilier redevient navire : en route!

121

place pour se présenter convenablement. Certes, le courant, le vent et la hauteur d'eau disponible peuvent pimenter quelque peu l'accostage mais, en règle générale, il est aisé d'aborder un quai dégagé. L'amarrage va de soi : deux aussières avant-arrière tirées aussi loin que possible après avoir judicieusement ceinturé la coque de pare-battage (un autre bateau est toujours susceptible de venir se placer à couple).

Cela, c'est la théorie. Dans la réalité, les choses vont différemment...

Les places à quai sont généralement rares (et même introuvables en saison), de sorte que, même si l'on a la chance d'en dénicher une, il devient nécessaire de s'amarrer court ; les aussières de pointe sont alors remplacées par deux gardes (perpendiculaires au quai), l'une à l'avant, l'autre à l'arrière ; pour maintenir le bateau parallèle au quai, on y ajoute deux traversières, l'une partant de la proue et frappée sur le quai à l'arrière du bateau, l'autre partant de la poupe et frappée à l'avant.

Les choses se compliquent dans les ports à marée. Il faut régulièrement reprendre ou relâcher les aussières avec les mouvements du flot. Cela interdit les grandes balades à terre ou les longs temps de sommeil réparateur. Les équipages imprévoyants risquent de retrouver leur bateau suspendu par ses aussières le long du quai, cela s'est vu... Comme il s'est vu qu'un voilier amarré à basse mer à une échelle de quai ne puisse appareiller à marée haute parce que l'extrémité de son aussière se trouvait alors sous trois mètres d'eau (solution : passer l'aussière en double)...

Le plus souvent, dans les ports quelque peu fréquentés ou à fort ressac, les voiliers mouillent perpendiculairement au quai, l'arrière vers le quai. L'archétype en est le port du Palais, à Belle-Île-en-Mer, où les manœuvres de mouillage par temps frais et vent traversier donnent lieu à une certaine animation des lieux... Chaque voilier se présente devant la place qu'il convoite, mouille son ancre et cule vers le quai où il frappera deux aussières. Simple à décrire, plus complexe à réaliser ! Imaginez les variantes... Au surplus, il ne faudra pas omettre de reprendre ou de relâcher les aussières ou le mouillage au gré de la marée. On remarquera qu'une longue ligne de mouillage reste tendue à toute heure de la marée.

Il arrive aussi que le charmant petit port de pêche ne comporte pas de bassin à flot. Cette surprise guette les habitués des cat-ways qui, pour ne pas s'échouer, vont devoir obligatoirement échouer... (Échouer : manœuvre voulue et organisée. S'échouer : accident de navigation. Nuance...)

● **Échouer avec succès...**

L'échouage est une manœuvre bien utile à connaître. Elle consiste à poser le bateau sur le fond en s'appuyant soit sur le quai, soit sur des béquilles.

L'*échouage à quai* consiste à placer le bateau bardé de défenses le long du quai et à s'assurer qu'il aura une posée franche (sonder ou, mieux, avoir préalablement reconnu le fond à marée basse) ; lui donner une gîte de quelques degrés (vers le quai) ; l'amarrer par des traversières et y ajouter une amarre dans le mât, sous les barres de flèche. Puis laisser le jusant faire son œuvre. L'ensemble de l'amarrage est raidi quelques instants seulement avant que la quille ne touche le fond. Simple, élégant, pratique : on passe du bord à la terre instantanément. On peut, si nécessaire, ajouter une béquille de sécurité sur le bord extérieur, mais, en principe, elle n'est pas nécessaire. Un conseil au passage : si c'est possible, ajoutez-la tout de même !

L'*échouage sur béquilles* est moins simple et moins pratique. Il consiste à poser le bateau sur sa quille et à le maintenir en équilibre dans cette position. Il faut donc que les posées soient planes et le fond homogène. La roche est homogène, mais très rarement plane ; la vase est plane, mais rarement homogène ; de plus, elle peut dissimuler un caillou sournois. Autant prendre le maximum de précautions. Il vaut mieux opérer par petit temps ou dans un lieu très abrité (absence de clapot) ; le bateau est mouillé avant-arrière, éventuellement sur deux ancres, de façon à se présenter dans le sens de la plus grande pente, étrave vers le haut.

L'échouage sur béquilles permet souvent de trouver une place dans un abri apparemment boudé ou de faire un brin de toilette à une carène devenue chevelue, mais il oblige à traverser la plage pour gagner la terre ferme. Gare aux vasières !

Il reste que l'échouage à quai demeure, à notre avis, une manœuvre très marine, économe de matériel (des cordages) et de mouvement (un homme seul peut la réaliser), simple et sûre. Nous l'avons découverte, il y a bien longtemps, à Audierne. La nuit passée à Sainte-Évette avait été blanche et tumultueuse en raison du clapot traditionnel des lieux. L'équipage avait donc décidé (le mauvais temps n'ayant pas renoncé) de passer la deuxième nuit à quai, au fond du port. Les posées n'étaient pas fameuses, mais nous avions trouvé un bon endroit. La nuit fut un délice. Et depuis, sans être devenus des experts, nous pratiquons souvent.

Il n'est jamais interdit de faire la fête au mouillage si le temps le permet. Mais il y a « fête » et « fête » : les braillardes, dont tout le monde profite (même ceux qui veulent dormir), et les autres, plus discrètes, plus chaleureuses. « Ce soir-là, dans la baie de Figari... » Mais cela est une autre histoire.

LES CHEVALIERS DE LA HAUTE MER

ou l'histoire de quelques grandes courses

Comme la montagne, le désert, la forêt vierge et aujourd'hui l'espace, la mer a toujours lancé à l'homme un défi. D'un côté, le roseau fragile mais doué de raison ; de l'autre, une machinerie cosmique servie par des forces brutales et inconscientes. L'aventure était trop tentante pour que l'on y résistât. Ainsi, depuis toujours, l'homme s'est trouvé de bonnes raisons pour en découdre avec les vagues et les vents.

La loi de la course

Qui, du marin ou du vent, a défié l'autre le premier ? Tout ce que l'on constate, c'est que parfois, – et de manière tout à fait temporaire – l'un prend le dessus sur son vieil adversaire, sans que rien ne soit réglé pour autant. Match nul ? Peut-être.

Pourtant, alors qu'il devrait se fatiguer d'une lutte aussi incertaine, l'homme a découvert en ses semblables de redoutables rivaux. Cette fois, il ne peut y avoir de match nul. Ce n'est plus le choc des forces aveugles contre l'intelligence ; les chances sont partagées, et il ne s'agit plus seulement de dominer les éléments, mais de les dominer au plus vite et, si possible, avant les autres.

Tel est le double défi de la voile de course moderne.

Ce n'est pas un hasard, plutôt un vieil atavisme. Vitesse et compétition ont toujours navigué de conserve avec la marine à voile. Moitessier, le grand Moitessier n'a jamais fait autre chose : « Je considérerais faire affront à mon bateau que de ne pas le pousser au maximum de ses capacités... »

Jadis, dans la guerre sur mer, les plus rapides, les meilleurs manœuvriers gagnaient toujours, qu'il s'agisse de rattraper l'ennemi ou de s'échapper... Après le congrès de Vienne, en 1815, qui condamnait la traite des Noirs, les ignobles trafiquants de « bois d'ébène » entassèrent leur cargaison humaine sur des voiliers fins coureurs ; auparavant, assurés de l'impunité, ils se contentaient de bateaux « ordinaires ». À partir de cette date, il leur fallut échapper au blocus des nations signataires.

Qui ne connaît la formidable course commerciale des clippers qui, partant de Chine ou d'Australie, ramenaient vers l'Europe le thé, la laine ou le blé ? Chaque année, pendant tout le XIXᵉ siècle, ce fut la ruée pour conquérir le titre prestigieux et s'octroyer les primes attribuées au *Premier navire de Chine*. Cette course folle lançait des centaines d'hommes sur de magnifiques voiliers fendant les océans à 20 nœuds et plus... Course passionnante, où le suspense dure jusqu'au dernier instant. En 1866, le Premier navire de Chine arrive à Londres le 6 septembre, à 8 heures du matin ; c'est *Ariel,* un clipper de 852 tonnes. Le second, *Teaping* (767 tonnes), le suit à ... 10 minutes ! Il y a cent jours

Depuis le début, la marine fut résolument masculine ; naviguer était une histoire d'homme. L'un des grands mérites de la voile contemporaine est d'avoir redistribué le jeu. Plus équitablement. Aujourd'hui, les femmes naviguent. De plus en plus, en croisière et en course. On en compte même dans le cercle très fermé des chevaliers de la haute mer. Ici, Florence Arthaud sur Biotherm II.

qu'ils sont en course, bord à bord…
Course encore – mais obligatoire – pour les thoniers de Groix et des alentours. Ces superbes cotres à tape-cul doivent impérativement être rapides. Pêcher vite, rentrer vite. Le poisson frais se vend plus cher, et le patron qui arrive le premier à la criée fait de bonnes affaires. Chaque retour de pêche est une véritable régate où rivalisent des manœuvriers exceptionnels. Mais la vitesse – la course – se justifie doublement pour ces navires de pêche : le poisson se gâte rapidement, et si d'aventure le bateau est pris dans les calmes d'un orage qui monte, il risque de perdre toute sa cargaison. Une véritable catastrophe pour tout l'équipage. D'où la nécessité de rentrer au plus vite…

Ces quelques exemples montrent bien que, partout et toujours, pour le pire ou le meilleur, la recherche de la performance est liée à la navigation à voile. Tirer le plus grand profit des deux fluides capricieux dans lequel évolue le voilier est une règle ; mieux, une loi.

De là à relever le défi ancestral, il n'y a qu'une encablure que le yachting contemporain a franchie d'un seul bord. Seul héritier de la voile, il s'est cru obligé de lui donner une dimension à l'échelle de son passé. Aujourd'hui, tous les océans du monde sont devenus de fantastiques lieux de compétition. On y fait moins de bruit que dans les stades, sans doute parce qu'on y prend d'autres risques et que, même pour les chevaliers du grand large, la mer rappelle à quelque modestie…

Précisément, en raison de leur foisonnement, toutes les courses ne pouvaient, ici, être expliquées ou commentées. Il fallait choisir, arbitrairement, et condenser le propos. Choix difficile, à la limite injuste. Pourquoi ne rien dire de la Route du rhum, du Fasnet, de la Whitebread ou des autres ? Un choix oblige toujours à quelques sacrifices. Mais qu'on le sache : en aucun cas la sélection ne s'est faite sur la dureté de l'épreuve ou en fonction de la gloire de ses vainqueurs. Personne ne peut dire où et quand la mer fut la plus dure, la compétition plus acharnée, le courage le plus fort. Personne. C'est justement pour cela qu'il fallait choisir.

French Kiss, *la bête de course. Des griffes et des crocs. Attention, toutefois : parmi les grands fauves candidats à la régate extrême se cachent de redoutables carnassiers.*

L'America's Cup : un défi perpétuel

Les Britanniques, à la fin du XVIIIe siècle, furent véritablement les « inventeurs » du yachting de course. Champions des mers – ne vivent-ils pas sur une île ? – grands marins les sillonnant, ils portèrent leur pays, sous le règne de la reine Victoria, au rang de première puissance maritime et coloniale.

En 1814, on fêtait, aux États-Unis, la naissance du New York Yacht Club, premier organisateur de régates de ce jeune pays. Leur esprit audacieux conduisit quelques Américains à envisager la possibilité de battre les Anglais sur leur propre terrain et d'établir la supériorité des bateaux américains sur les yachts anglais. Why not ?

C'est un architecte naval nommé George Steers qui créa l' « arme du crime », une petite goélette de conception parfaitement originale et tournant le dos aux techniques anglaises. Elle fut baptisée *America,* comme il se doit. John C. Stevens, l'un des premiers commodores du New York Yacht Club, mena le bateau de l'autre côté de l'Atlantique. Après une escale au Havre et à Cowes, que firent les Américains ? Ils lancèrent officiellement un défi à *tous les bateaux britanniques* et ouvrirent des paris importants qui devaient financer l'ensemble de l'opération.

Les Anglais, peu émus, semble-t-il, étaient surtout intrigués par l'étrange bateau qui s'offrait à leurs yeux ; ils lui trouvaient une drôle de silhouette, complètement anachronique. En effet, les yachts anglais de l'époque avaient généralement une étrave massive et un arrière délié. *America,* au contraire, présentait une étrave tulipée très effilée qui s'élargissait sur un arrière court et relevé. Le gréement était incliné sur l'arrière, le plan de voilures original, et on pouvait deviner une carène peu orthodoxe ; vraiment, les marins britanniques n'en revenaient pas.

Leur scepticisme alla jusqu'à faire douter nos innovateurs américains, qui, écœurés de l'insuccès total de leur initiative – pas la moindre barcasse n'avait relevé le défi – allèrent s'inscrire à une modeste régate organisée par le Royal

Yacht Squadron et récompensée par un minime trophée de cent guinées. Ouverte à tous les bateaux, la course allait se disputer autour de l'île de Wight, avec départ et arrivée devant Cowes. Le classement était effectué en temps réel, car aucun système de handicap n'était prévu pour compenser les différences de taille entre les navires.

C'était le 22 août 1851. Au départ, *America* fut un peu distancé par les meilleurs bateaux anglais de l'époque, comme *Bacchante* ou *Aurora*. Pourtant, après quelques milles, la goélette s'« arracha » littéralement, se dégagea irrésistiblement du peloton, pour finalement gagner la course haut la main, à la stupéfaction générale.

La reine Victoria – l'affaire était sérieuse – demanda à son entourage les résultats de la course. La réponse fut : « Le premier est *America*, Votre Majesté ; il n'y a pas de second ! » C'est bien connu, les légendes ont du vrai : le deuxième bateau n'arriva que 8 minutes après. Quant à *Bacchante,* il avait perdu près de une heure...

Le bateau américain remporta encore deux victoires avant d'être vendu pour couvrir les frais de l'équipage. Celui-ci rentra aux États-Unis par le premier courrier régulier. Dépité, il oublia dans un coin une aiguière d'argent, résolument laide, qui allait devenir le trophée de l'América.

En Grande-Bretagne, on n'en resta pas là. À Cowes, l'honneur britannique avait été gravement atteint, au point de susciter une intervention aux Communes. Le colonel Peel, alors parlementaire, déclara : « La victoire d'*America* est une véritable humiliation nationale ; il faut que, désormais, tous ceux qui ont à cœur la gloire de l'Angleterre travaillent à reconquérir, coûte que coûte, les lauriers perdus... »

Cinq ans plus tard, les promoteurs de l'« Opération America » offrirent leur vilain petit trophée au New York Yacht Club... pour ouvrir un challenge perpétuel. L'opération, encore une fois, resta sans écho.

Des années passèrent. Mais, un jour, l'Anglais James Ashbury, vexé par une défaite devant la goélette américaine *Dauntless,* releva le défi. Sur son yacht, *Cambria,* il fut le plus rapide dans la traversée de l'Atlantique...

Le succès lui montant sans doute à la tête, il se proposa de reconquérir l'« objet d'art » gagné par *America* près de vingt ans plus tôt.

Les discussions sur les modalités de course furent byzantines, mais on parvint à ceci, finalement clair et net : le *Cambria* doit battre tous les yachts américains qui se présenteront au départ, le 8 août 1870. Il arriva dixième...

Pourtant, l'année suivante, le défi fut renouvelé sur une autre goélette, *Livonia*. Là encore, malgré de nouvelles règles de course, Ashbury fut battu, puisqu'il ne gagna qu'une seule régate sur les cinq. On dit qu'il se reconvertit dans la politique !

Et, comme dans les histoires, c'est depuis ce temps que les Britanniques, les Canadiens, les Australiens et les Français tentent de s'adjuger le petit trophée. Au fil des ans, l'America's Cup est devenue si prestigieuse que les compétiteurs se sont mis à dépenser des fortunes colossales pour lancer la construction de bateaux hors pair.

La réglementation évolua. Ainsi, en 1930, il fut décidé de disputer le challenge au cours de quatre régates courues par des yachts conformes à la plus grande série américaine du moment : la « classe J ».

On entra dans l'ère de la régate moderne : gréement marconi, bômes courtes, mâts légers, accastillage sophistiqué, ce qui n'est pas sans rappeler la mutation actuelle due aux multicoques.

1930 : Sir Thomas Lipton (le magnat du thé) est relayé par M. Sopwitch, un constructeur d'avions. Celui-ci coupa la ligne de départ à bord de *Endeavour* et les Britanniques frisèrent la victoire à un virement de bouée près.

1937 : Sopwitch est à nouveau battu.

1939 : c'est la guerre et l'America's Cup est interrompue pour dix-neuf ans.

1958 : renaissance du challenge. Désormais, les bateaux seront plus petits (12 mètres J.I., c'est-à-dire à peu près 20 mètres), avec une surface moyenne de voilure de 175 mètres carrés. L'*Intrepid,* le « bateau du peuple » américain, est en partie financé par 3 000 donateurs. La coupe reste américaine.

Outre qu'un tournoi entre 12 mètres J.I. est toujours impressionnant, l'empoignade est fertile en visions grandioses. Ici, Australia II et France III, à la parade, s'apprêtent à en découdre.

La course, les courses... Dif-férentes mais finalement sem-blables, elles se ramènent tou-jours à un double affronte-ment : l'homme contre la mer et, en même temps, contre son semblable. Philippe Jeantot, ici sur Crédit agricole, *a montré que l'on pouvait gagner sur les deux tableaux.*

Nouvel événement en 1990. Les gros bras de la voile se font brûler la politesse par une demoiselle ; magistra-lement, Florence Arthaud, sur son *Groupe Pierre I*ᵉʳ passe en force et devance les meilleurs skippers du moment, Philippe Poupon, Mike Birch (encore lui !), Laurent Bourgnon... Au passage, elle bat le record de la course en 14 jours, 10 heures, 8 minutes.

Dernière édition en 1994 où Le rhum n'a pas manqué à ses habitudes. Coups de torchon redoutables où la moindre faiblesse des machines est irré-médiable. La bagarre qui devait être triangulaire dégénère rapidement en duel. La casse fait la différence dès le début. Loïck Peyron démâte, Paul Vatine, très fort, manque de réussite. Le duo devient chevauchée solitaire ; Lau-rent Bourgnon s'échappe... C'est sur un nouveau record de l'épreuve qu'il termine la course dans le temps éton-nant de 14 jours, 6 heures et 28 minutes.

En seize ans d'existence, le record de la Route du rhum a été battu à chaque épreuve

Le Trophée Jules-Verne

Si la plupart des compétitions actuelles conduisent à la recherche de l'extrême, le Trophée Jules-Verne occupe une place à part dans la hiérarchie des

grandes explications hauturières. En effet, il s'agit de concourir à la fois contre les éléments, le record établi, et les autres concurrents.

À l'origine, il ne s'agissait que de battre le temps de l'illustre Philéas Fog qui, on s'en souvient, avait réussi à faire le tour du monde en 80 jours en empruntant toutes sortes de moyens de locomotion. Il faut dire que monsieur Jules Verne lui avait bien facilité les choses... Mais, dans la réalité, l'entre-prise devait rapidement évoluer vers un match sans merci tant le défi se prêtait à l'aventure...

En 1993, les premiers prétendants s'élancent vers l'exploit sur des muli-coques bien affûtés, seuls des bateaux de ce type pouvant espérer passer sous la barre des 80 jours. Les conditions de navigation sont si difficiles que plu-sieurs parmi les meilleurs doivent aban-donner sur avarie ; l'affaire est particu-lièrement âpre.

Finalement, après une navigation exemplaire, Bruno Peyron et ses quatre équipiers réussissent à faire mieux que ce bon Philéas. Sur *Commodore Explorer* (ex-*Jet Service 5*), ils bouclent la boucle le 20 avril 1993 dans le temps de 79 jours, 6 heures, 15 minutes et deviennent les premiers détenteurs du trophée. Leur exploit est salué comme il le mérite : avec une réelle admira-tion.

Mais déjà les convoitises s'aiguisent.

Le 16 janvier 1994, le trimaran fran-çais *Lyonnaise des Eaux-Dumez,* barré par Olivier de Kersauson, et le catama-ran néozélandais *Enza-New Zealand* (28 m), aux mains de Peter Blake (qui avait dû abandonner en 1993), pren-nent le large pour profiter d'une « fenêtre » favorable. Les navires sont au point et leurs équipages rassemblent des coureurs de tout premier ordre. Quant à l'expérience des skippers, elle se compte en centaines de milliers de milles...

Dès le départ, la compétition tourne à la course poursuite sur la « peau du diable ». Une formidable empoignade commence.

Les deux bateaux atteignent l'équa-teur en moins de 8 jours, soit un jour de moins que le précédent record.

Blake choisit une option audacieuse mais payante. Après l'équateur, il entreprend de contourner l'anticyclone de Sainte-Hélène, ce qu'il réussit, tandis que Kersauson, moins heureux, bute dedans et y reste encalminé. *Enza* s'échappe...

Blake poursuit son option et descend très au sud pour contourner l'Antartique au plus près et raccourcir sa route de 1 500 milles par rapport à celle du détenteur *Commodore Explorer*. Il réalise 10 jours successifs à plus de 400 milles chacun, tandis que Kersauson s'englue. Bilan : 1 400 milles de retard dans l'océan Indien.

Pourtant, rien n'est encore joué. En fait, les choses vont s'inverser et c'est Kersauson qui va mener un train d'enfer et rattraper peu à peu son rival.

Blake navigue en pleine tempête ; son cata surfe sur des vagues énormes ; l'une d'elles le cloue sur place et manque de le briser ; tout vole à bord, y compris le skipper, qui souffre de contusions si douloureuses qu'il doit s'aliter.

Un anticyclone barre la route d'*Enza* qui n'a d'autre choix que de faire du sud pour contourner les masses d'air qui se déplacent (elles aussi) vers l'est. Du sud jusqu'à 62° 9, là où aucun multicoque ne s'est jamais aventuré, au milieu des glaces et de coups de vent terrifiants. Pendant l'un d'eux, *Enza,* à sec de toile, file encore 20 nœuds...

Kersauson, pour sa part, fonce dans les quarantièmes rugissants et refait son retard avec des pointes à 30 nœuds et plus. Au cap Horn, les 1 400 milles ont fondu à 300 ; tout est encore possible. D'autant que, passé le fameux cap, *Enza,* qui n'est pas fameux au près, est obligé de mettre de l'est dans son virage, ce qui laisse la « corde » à *Lyonnaise,* qui se précipite dans le trou. Au large du Brésil, les deux bateaux sont presque à égalité...

Le dernier acte va se jouer autour de l'anticyclone des Açores, que Kersauson tente de contourner par l'ouest ; mais le matériel a trop souffert et c'est l'avarie tant redoutée. Les drisses cèdent et la réparation coûte 48 heures au trimaran. La cause est entendue.

C'est dans la tempête (vent de plus de 50 nœuds), freiné par des traînards et à bout de souffle qu'*Enza* franchit la ligne le 1er avril à 13 heures, 17 minutes, bouclant le tour du monde (26 400 milles) en 74 jours, 22 heures et 17 minutes (14,7 nœuds de moyenne).

La Transatlantique (Ostar)

Bien avant Christophe Colomb, qui et combien furent-ils à traverser l'océan Atlantique ? Nombre d'hypothèses sont avancées. Ce que l'on sait, c'est qu'après, en 1876, un pêcheur de Terre-Neuve, un homme extraordinaire et pourtant peu connu, traversa seul l'océan, depuis la Nouvelle-Écosse, au Canada, jusqu'à Abercastle, au pays de Galles. Il s'appelait Alfred Johnson. Seul, sans commanditaire, il embarqua sur un doris de... 6,10 mètres baptisé *Centennial,* en l'honneur du centenaire de la déclaration d'indépendance américaine.

Un doris, même s'il est extrêmement robuste et tient bien la mer, reste très rudimentaire. C'est avant tout un bateau de pêche, utilisé au départ par les morutiers américains. À la différence des doris que Johnson utilisait habituellement dans ses pêches, *Centennial* était gréé en cotre aurique et non pas manœuvré à l'aviron.

Le premier coup de vent lui fit perdre une bonne partie de ses vivres. Le deuxième (ou le dixième ?) le fit chavirer ; il resta retourné pendant un long moment. Le troisième... Heureusement, il croisa un navire qui lui procura des provisions. Il ne lui restait plus que qu'à atteindre le pays de Galles... ce qu'il fit.

D'autres fous de mer et d'aventure se lancèrent sur ses traces : ainsi, six ans plus tard, l'Américain Bernard Gilboy. Après avoir navigué en solitaire de la Colombie-Britannique jusqu'à Hawaii, il repartit, toujours seul, sur un 5,50 mètres pour rallier l'Australie sans escale. Après cinq mois et demi d'aventures, il fut recueilli, affamé, par un navire de rencontre.

La première course transatlantique en solitaire proprement dite se disputa, en 1891, entre deux Américains. Course contre le vent, contre la mer et contre la

Pen Duick VI, *le vainqueur de l'Ostar 1976. L'homme qui est à la barre n'en est pas à son coup d'essai. C'est même une sorte de récidiviste. L'incroyable de l'histoire, c'est que Tabarly, vainqueur incontesté, a navigué un jour et une nuit cap à l'Est...*

montre. Le premier s'appelait Si Lawlor, et son bateau *Sea Serpent*. Le second s'appelait William Andrews ; son bateau, *Mermaid*. Longueur de chacun de ces voiliers : 4,60 mètres ! Vous avez bien lu : 4,60 mètres... Si Lawlor, après 45 jours de traversée, fut déclaré vainqueur. Mais sa joie fut de courte durée. En effet, les deux compères repartirent en course l'année suivante, vers l'Espagne cette fois. Là, *Sea Serpent* disparut corps et biens.

Ces croisières relevaient d'une manière de folie, entendez une passion confinant à la folie. L'exploit y trouvait son compte, mais sûrement pas l'esprit marin, qui n'est pas kamikaze.

● **Le grand homme et la mer**

Parler de la Transat en solitaire sans parler de Joshua Slocum est impossible. Car ce capitaine sut allier d'excellentes, sinon d'exceptionnelles, connaissances en navigation – en navigation solitaire – avec les qualités d'un bon bateau. Slocum avait construit le sien à partir d'une épave ; son talent l'avait transformée en un yawl aurique de 12 mètres de long et de 4,25 mètres de large, doté d'un petit artimon, très bien équilibré sous voile. Il partit de Nouvelle-Écosse un jour d'avril, toucha Gibraltar moins d'un mois après, puis repartit en sens inverse pour traverser l'Atlantique sud en direction de l'Amérique latine. Il passa le détroit de Magellan d'est en ouest, traversa l'océan Pacifique... et regagna Boston le 27 juin 1898. Après 46 000 milles de mer !

Sur les traces de ce grand homme de la mer, les navigateurs solitaires sillonnent les océans. Aujourd'hui encore, Joshua Slocum reste la référence absolue en matière de navigation à voile ; le plus grand marin, le premier... celui dont l'humour demeure inimitable.

Découvrant une île herbue et totalement inhabitée non loin de la Terre de Feu, il y planta un écriteau ironique : « Il est formellement interdit de marcher sur la pelouse »...

● **Sir Francis**

Il fallut attendre les années 50, 1959 exactement, pour que le chant des voiles parviennent aux oreilles du public. Blondie Hasler, un Britannique, proposa la création d'une course transatlantique en solitaire d'est en ouest. Son but : « Encourager le développement de bateaux et d'équipements appropriés à la navigation avec équipage réduit. » La rencontre de Hasler et de Francis Chichester fut décisive. Ce dernier aimait passionnément la navigation en solitaire. Si personne ne voulait organiser la course, « il lancerait à Hasler un défi pour un enjeu d'une demi-couronne »... Ce ne fut pas inutile. Le Royal Western Yacht Club prit l'affaire en main et le journal *The Observer* parraina l'opération.

Le 11 juin 1960, à 10 heures du matin, quatre bateaux quittent Plymouth. Ce sont *Gipsy Moth III* de Chichester, un 12 mètres ; le *Jester* du colonel Hasler, un Folkboat à gréement de jonque de 7,60 mètres ; *Cardinal Vertue* de David Lewis ; *Eira* de Val Howells. Un cinquième participant partira en retard. Un petit *Cap Horn* de série, 6,40 mètres, skippé par le Français Jean Lacombe, qui traversera en 74 jours...

Pour relier un point à un autre, la ligne droite, en mer, n'est pas forcément le plus court chemin ! Sans parler de la forme du globe terrestre, qui oblige à la courbe, l'orthodromie peut avoir, en vitesse, un rendement inférieur à une route plus longue mais mieux « desservie » par les vents. C'est, en tout cas, le calcul que font Howells et Lacombe, en

cherchant au sud la route des alizés. C'est ce qu'espère également Hasler, en explorant, lui, une route au nord pour rencontrer des vents d'est. Chichester et Lewis, en revanche, optent pour l'orthodromie – et surtout pour de terribles tempêtes ! Après trois heures de course, le mât de *Cardinal Vertue* casse ; le pilote est obligé de faire demi-tour pour réparer. Chichester arrive en tête au terme de la course, 40 jours après le départ. Hasler lui rend huit heures. Huit jours plus tard, Lewis touchait au but. Val Howells fut le plus malchanceux. Il perdit son chronomètre, ce qui l'obligea à passer une semaine aux Bermudes. Il arriva après soixante-trois jours de mer ; Jean Lacombe, onze jours après.

En 1962, Sir Francis battit son record de sept jours.

● **Médaillé de l'Atlantique**

Tout recommence en 1964. Chichester bat à nouveau son record, en 30 jours moins 3 minutes. Mais ce n'est pas lui le premier... L'Ostar était lancée, la presse suivait. Certains concurrents signent des contrats avec des stations de radio pour leur fournir un reportage quotidien. C'est la grande kermesse : beaucoup d'images, beaucoup de bruit. Cependant, un inconnu travaille dans l'ombre. Un inconnu de 32 ans, discret lieutenant de la Marine française. Cet homme pense que le bateau le plus grand gagnera. Il calcule donc celui qu'il lui faut : le plus grand possible, mais suffisamment maniable. Cela donne un ketch de 13,40 mètres, de déplacement léger, aux voiles d'avant réduites. Son nom : *Pen Duick II*. « Chimérique, invraisemblable, grotesque... » Éric Tabarly en entendra pour son grade.

Tabarly ne se sert pas de sa radio, il déteste cela. Où est-il ? Certains esprits malins se frottent les mains : « Je vous l'avais bien dit. » Soudain, la bombe : *Pen Duick II* approche de Rhode Island ! À 350 milles, précisément. À 100 milles par jour, le calcul est vite fait. Rien ni personne ne résiste à une telle performance. Vingt-sept jours, ça ne s'est jamais vu, jamais approché, même. Lorsqu'on apprend que son gouvernail automatique était cassé depuis une dizaine de jours, c'est le délire. Tabarly est un héros, et un héros fatigué qui n'a pratiquement pas – ou si peu – dormi pendant tout ce temps ! Du coup, Charles de Gaulle lui décerne la Légion d'honneur. C'en est trop, la France craque ! N'oublions pas pour autant les autres concurrents. Francis Chichester arrive deuxième ; en troisième position, Val Howells. Ce dernier, à la suite d'avaries, avait dû faire demi-tour pour effectuer les réparations indispensables. Ce qui l'avait retardé d'autant. Il est suivi d'Alec Rose sur *Lively Lady*.

1968. Et une nouvelle édition de l'Ostar ! Éric Tabarly est à la tête d'un trimaran de 21,30 mètres, *Pen Duick IV*. Onze autres participants ont aussi opté pour le multicoque. Les plus connus, ceux dont on parle le plus, sont *Gancia Girl,* un 10,60 mètres, *Sir Thomas Lipton,* un ketch de 17,30 mètres, *Spirit of Cutty Sark,* 16,10 mètres...

Dix jours après le départ, c'est la tempête. Par 60 nœuds de vent, les bateaux se couchent, incapables de gagner au vent. Seul Geoffrey Williams, sur *Sir Thomas Lipton,* en liaison radio avec un centre météo (la technique, déjà !), est averti de l'arrivée de la bourrasque. Il monte vers le nord et évite le pire ; mieux, il gagne au moins 200 milles sur ses poursuivants. Tabarly, pour sa part, a heurté à 15 nœuds, peu après le départ, un navire au mouillage ; il rentre à Plymouth, repart, mais renonce à la suite d'ennuis avec son pilote automatique. Finalement, après une traversée mouvementée où toute la flotte subit les assauts de la tempête (19 arrivées sur 35 partants), c'est en toute logique *Sir Thomas Lipton* qui remporte la course en 25 jours et 20 heures, soit 30 heures de moins que Tabarly en 1964.

● Rendez-vous en mer

1972 annonce la première course des « monstres ». Alain Colas a repris le trimaran-bolide de Tabarly ; des bateaux sophistiqués comme *British Steel* (avec lequel Chay Blyth a fait le tour du monde), *Gipsy Moth V,* du vieux Francis Chichester (70 ans), ou encore le trimaran de Jean-Marie Vidal, *Cap 33,* montrent leurs ambitions. Le plus remarqué : l'énorme *Vendredi 13* de Jean-Yves Terlain. Départ en fanfare avant la soli-

Héros malheureux de l'Ostar 1976, Club Méditerranée *a cependant été le témoin d'un événement extraordinaire. À son bord, Alain Colas, diminué par son terrible accident, a démontré qu'il était capable de mener seul ce géant de 72 mètres et de terminer plus qu'honorablement : 7 heures après Tabarly. Saluons sa mémoire.*

tude du grand large. Le quinzième jour, la tempête est au rendez-vous ; les cinquante-quatre concurrents encaissent sans trop broncher, malgré quelques démâtages. Après cette tempête se produit ce qui ne s'était jamais vu : la rencontre – en plein Atlantique – de Colas et de Terlain ! *Vendredi 13,* qui était en tête, voit poindre sur son arrière le trimaran de Colas, qui le remonte inexorablement et le double à très petite distance. Instant émouvant, tant pour Colas qui jubile que pour Terlain qui soupire... Après un temps d'incertitude, Colas remporte l'épreuve en 20 jours, devançant Terlain de 16 heures...

L'édition 1976 sera encore davantage une explication franco-française. Terlain

a opté pour un catamaran, *Kriter III* (ex-*British Oxygen*), qui vient de remporter le tour de Grande-Bretagne. Une bombe... Alain Colas (très gravement blessé à la jambe quatorze mois auparavant) aligne un monocoque de ... 72 mètres sophistiqué à l'extrême, *Club Méditerranée*. À l'évidence, avant même le départ de Millbay Dock, à Plymouth, la publicité investit la voile. Mais ce n'est pas tout : *Vendredi 13* (30 « petits » mètres) est là aussi, barré cette fois par Yvon Fauconnier ; il a été rebaptisé *ITT Océanic* pour la circonstance ; il y a ce long fuseau noir de 22,30 mètres, *Pen Duick VI,* sur lequel Éric Tabarly a fait la course autour du monde en équipage, *Three Cheers,* le trimaran de McMullen

UNE DOUBLE TRAGÉDIE

Alors qu'elle travaille sur le bateau de son mari, Lizzie McMullen est électrocutée par un court-circuit. L'accident survient trois jours avant le départ. En dépit du choc psychologique qui le terrasse – ou à cause de lui – Mike McMullen décide de prendre le départ. Il s'élance dans la Transat 1976...
Que s'est-il passé ensuite ? Personne ne le saura jamais. On l'apercevra pour la dernière fois trois heures après le début de la course. Ensuite, plus rien. Three Cheers et son skipper disparaissent corps et biens.
Quatre ans plus tard, un pêcheur recueille quelques débris du trimaran au large de l'Islande. C'est tout.

Pages suivantes : les dernières heures qui précèdent le départ d'une grande course — ici l'Ostar 1984 — sont teintées de contrastes. Sérénité affichée de ceux qui sont prêts ; exaspération croissante de ceux qui ne le sont pas. Pour leur part, les voiliers restent impassibles, rayant le vieux bassin de Millbay Dock de leur gribouillage de mâts et de mouillages.

qui vient de perdre sa femme, électrocutée alors qu'elle travaillait sur le
bateau, *The Third Turtle,* trimaran de
9,30 mètres de Mike Birch, et quantité
d'autres grands bateaux et grands marins, dont quatre femmes. Pour la première fois... Cette course restera excep-
tionnelle à plus d'un titre : par la taille et
la sophistication des bateaux ; par le
temps extrêmement dur qui règne sur
l'Atlantique nord ; par la performance
du vainqueur. Mais aussi par les dispari-
tions de McMullen *(voir encadré page
précédente)* et de Mike Flanagan dont le
bateau, *Galloping Gael,* sera retrouvé
dérivant en plein océan. Vide.

C'est une escadre d'engins très « affûtés » qui s'élance pour cette cinquième

compétition. Au large, sept tempêtes
successives les attendent. Il y a beaucoup d'accidents et cinq naufrages ; au
total, quelque 50 abandons...

Dans la tempête, à peu près au tiers
du parcours, Éric Tabarly casse son
pilote automatique ; sachant que, dans
ces conditions, il lui sera impossible de
quitter la barre, il renonce et vire de
bord. Mais ce marin d'exception se
ravise ; *après vingt-quatre heures de route à
l'Est,* il vire de nouveau et rentre en
course avec, devant lui, 2 000 milles à
couvrir sans pilote automatique. Quel
courage ! Impossible de ne pas le saluer
au passage.

C'est ainsi que Tabarly est arrivé un
matin très tôt à Newport ; épuisé sans

et 12 minutes, suivi par Nick Kreig sur *Three Legs of Man III* en 18 jours, 6 heures et 14 minutes.

Mais on peut encore faire mieux et nous en aurons la preuve en 1984. Cette année-là, Yvon Fauconnier, sur *Umupro Jardin V,* rallie le Vieux Continent en 16 jours, 6 heures et 25 minutes, suivi six heures plus tard par Philippe Poupon sur *Fleury-Michon VI.* Lequel ne devance Marc Pajot sur *Elf-Aquitaine* que de... 23 minutes ! « Pépé » Tabarly termine quatrième.

1988... Nous n'y sommes pas encore.

Le sport en pantoufles

Les amoureux du vent peuvent le regretter, mais c'est ainsi. Les trois quarts de notre planète sont devenus un vaste stade où s'affrontent les professionnels de la haute mer.

Certains feront – sans peine – le rapprochement avec les jeux du cirque, où le combat avait pour mission première d'être un spectacle.

On peut s'interroger sur les motivations du grand public qui suit jour par jour, et parfois en direct, le terrible règlement de comptes entre des hommes et femmes courageux et le vieil océan. Bien installé devant son petit

Il est bien connu que le spectacle ne forme que... des spectateurs. Alors, même si le départ d'une course transocéanique a une autre allure que les 24 Heures du Mans, elle garde son double visage : l'un pour les équipages, l'autre pour les spectateurs. Passer de l'un à l'autre n'est pas une mince affaire...

doute, mais satisfait d'avoir tenu. Personne ne l'attend. Il tourne dans le port jusqu'à ce que quelqu'un vienne l'aider. Puis il s'enquiert : « Combien sont arrivés ? » – « Vous êtes le premier... » Pour la deuxième fois, Tabarly vient de remporter la Transat.

Club Méditerranée arrivera 7 heures plus tard, mais sera pénalisé de 58 heures pour avoir relâché à Terre-Neuve ; le troisième sera l'étonnant Mike Birch.

Et cela continue. La « mare aux harengs » se rétrécit de plus en plus. En 1980, le vieux Phil Weld, sur *Moxie* (1), traverse et gagne en 17 jours, 23 heures

---

(1) « Moxie » : marque d'eau minérale appartenant à Ph. Weld.

143

écran, le téléspectateur moyen suit les grandes courses comme il regarde son feuilleton favori. Son fauteuil vacille à chaque rafale, le grondement de la mer résonne dans son salon, ses charentaises suintent d'humidité. S'il n'est pas sur la plage avant, le nez dans la plume, ruisselant d'eau salée, c'est simplement parce qu'il n'a pas trouvé le commanditaire qui lui procurerait cette formidable machine qu'est devenu un voilier moderne... N'est-ce pas surtout parce que le spectacle de durs combats fait désormais partie de notre vie quotidienne ? Parce que les émotions ressenties devant le tube cathodique nous semblent identiques à celles qui sont derrière le miroir ?

● **De l'influence de l'argent**
Il n'y a pas si longtemps, lorsque les marins se lançaient un défi à la voile, le pari était double : il fallait arriver le premier, bien sûr, mais sans avoir « cassé du bois ». Pour l'élégance. Pour le bateau. Notre époque voit s'élancer des engins extravagants, parfois très sophistiqués, conçus pour la performance-à-tout-prix, dont certains sombrent deux fois : la première fois dans le port de départ, la seconde dans le ridicule. Les skippers ne sont pas en cause, mais quel spectacle !

Le risque est grand de voir la voile emportée par la grande tourmente médiatique du moment, à l'image des courses automobiles où une poignée de superconducteurs font vibrer leurs supporters des cinq continents par télévision interposée. On ne pratique pas, on regarde. Plus grave, l'irruption de l'argent, sous forme de publicité, a, depuis une dizaine d'années, amplifié le phénomène. Le « sponsor » au gros portefeuille règne sur les eaux ; il choisit son « support », son skipper, et ne rechigne pas à payer cher pour l'un, quitte à se montrer moins généreux pour l'autre. Mimécène, mi-annonceur, il clame sa marque sur les coques ou les spis, associe la performance, l'audace et la jeunesse à son « produit » et lance le tout sur la mer. Ainsi voit-on s'affronter des établissements bancaires et des sous-vêtements féminins, de la charcuterie se confronter à du chocolat, du champagne à de l'essence... Drôle de mélange !

Deux remarques à ce sujet. La première, à propos du rôle des skippers : pour eux, aller vite et loin sur la mer est leur raison d'être, et ils ne peuvent satisfaire leur passion sans argent. On comprend leur choix. La seconde concerne les « sponsors » : aucun ne peut chiffrer les retombées d'une « opération » sur la voile, mais tous estiment qu'elle est rentable. D'une certaine façon, on les comprend aussi... Seuls restent peu compréhensibles les spectateurs-consommateurs. Ils regardent de loin des exploits qui les font rêver, alors qu'ils pourraient en vivre d'aussi exaltants, à leur mesure et pour le plaisir.

Signe des temps médiatisés : le public voit tout, sait tout, comprend (?) tout, en temps réel. Mais uniquement de l'extérieur. Et la vraie question est celle-ci : la voile-spectacle forme-t-elle des marins ou des téléspectateurs ?

● **La technologie souveraine**
L'autre facteur qui a totalement bouleversé les conditions de navigation à la voile est l'irruption de la technique de pointe. Ce XXᵉ siècle finissant est bien celui du triomphe technologique. Beaucoup de puristes de la voile le regrettent ; ils y voient une rupture avec la grande tradition hauturière ; d'autres (des coureurs, surtout) s'en réjouissent ostensiblement. Mais peut-on renoncer à ce qui existe sous prétexte de ne pas perdre ce qui a été ? Le bon sens ne consiste-t-il pas à rechercher, au contraire, ce qui peut relier le passé et l'avenir ? À ne renier ni la tradition ni le progrès ? Peut-on regretter la fibre de carbone, la technique aviation, la quille à aileron ou la balise Argos ? Poser la question, c'est déjà y répondre. La voile a changé de technologie, et personne n'y peut rien. Ce n'est pas le problème. L'apport des nouveaux matériaux ou de la navigation électronique est incontestable. Qui regretterait les cordages de chanvre, le doublage en cuivre des carènes, les caps de mouton, la sonde à main ou la ligne de loch ? Pour le folklore, peut-être, mais pas pour le confort.

De tout temps, les marins se sont ingéniés, avec succès, à simplifier l'armement, l'accastillage et les contraintes du bord. Cela continue, c'est tout.

Freedom et French Kiss bord à bord. Deux formidables machines hautement sophistiquées en pleine action. Et personne — y compris celui qui n'entend rien à la voile — ne peut rester insensible à l'esthétique du combat. Comme quoi on peut être un spectateur heureux, même si on a peur de l'eau...

Ces dernières années un grand bond a été effectué avec la percée de l'électronique, qui a renouvelé le confort, les performances et la sécurité.

– *Les sondeurs*. Précis, simples, ils ont donné une nouvelle dimension à la sécurité ; la profondeur est connue de façon fiable, en temps réel.

– *Le loch-speedo*. Il donne en permanence la vitesse du bateau et permet de contrôler les réglages.

– *La girouette-anémomètre*. Elle donne également en permanence la direction du vent apparent et sa force.

– *Le radio-gonio*. Il affiche le gisement d'un radiophare à moins de 5° et permet de multiplier les relèvements.

– *Le récepteur radio, radiotéléphone VHF ou BLU, l'émetteur-récepteur VHF* permettent de s'informer ou de dialoguer en direct...

– *Le radar* est de plus en plus miniaturisé et doté fréquemment d'un « range maker », c'est-à-dire d'un télémètre électronique à affichage digital.

– *Le navigateur par satellite*. Il relève les signaux d'un satellite artificiel et autorise des points très précis. Couplé au loch et au compas, il entretient automatiquement l'estime... Mieux encore, un microprocesseur peut donner le meilleur bord au louvoyage, en fonction de la prochaine marque de parcours...

– *Les balises* de toutes sortes, depuis la célèbre balise Argos interrogeable à distance jusqu'aux mini-balises de détresse dont le poids est bien souvent inférieur à 500 grammes...

Et la liste n'est pas exhaustive, tant s'en faut. Cet arsenal montre bien la remarquable explosion électronique dans les applications maritimes.

Mais attention : toutes ces merveilles de la science – absolument utiles, répétons-le – cachent un piège redoutable. À force de trop compter sur elles, nous risquons de nous y habituer au point de les rendre indispensables.

Si la machine se dérègle, se casse ou reçoit un paquet de mer au mauvais moment, que deviendrons-nous ?

C'est pourquoi rien ne dispense de savoir faire un point astronomique avec un bon vieux sextant, d'estimer le vent, la vitesse et la dérive à l'intuition, de régler les voiles à l'expérience ou de faire un calcul de marée avec un crayon et un papier. Rien...

Au près serré, bâbord amure, ce ketch à coque noire n'est pas un inconnu. Nous l'avons vu plusieurs fois dans les pages précédentes. C'est un navire de haute mer capable d'étaler tous les temps. En cela, il est très différent des superbes mais fragiles 12 mètres J.I. de l'America.

QU'EST-CE QUE LA N.A.O. ?

La navigation assistée par ordinateur est un procédé qui dépasse sans doute les rêves les plus fous de tous les capitaines de la vieille marine. Il permet d'optimiser considérablement les performances d'un voilier en prenant en compte les principaux paramètres qui en décident (conditions de mer, orientation des vents, caps à tenir, capacités du bateau...).

En pratique – et en simplifiant –, voici comment les choses se passent sur Charente-Maritime II.

Depuis le bateau, le skipper détermine le point dont il veut se rapprocher au maximum dans les quarante-huit heures à venir. Ce point est transmis au C.N.E.S. (Centre national d'études spatiales) via un satellite artificiel et traité par un centre de calcul intégrant :

– la position actuelle du bateau ;

– les données météo pour les quarante-huit heures à venir dans la zone concernée ;

– les caractéristiques propres du bateau, et surtout sa vitesse.

L'ordinateur calcule alors les différentes routes possibles en suivant un système de maillage, les compare et choisit la meilleure en déterminant maille par maille les caps à tenir. L'information est alors transmise à Saint-Lys Radio qui, à son tour, la transmettra au skipper.

Simple, n'est-ce pas ? On peut faire mieux : embarquer l'ordinateur, qui pourra faire ses calculs en permanence avec une précision à faire frémir.

Mais voilà... Comme tous les concurrents d'une course en posséderont un, la performance s'annulera...

Et le gagnant sera peut-être celui qui aura le meilleur sens marin !

LES VIEUX SAGES

Les années sombres de la voile sont désormais derrière nous. On aurait pu croire en effet, dans la première moitié de ce siècle, qu'elle était sur le point de disparaître, vaincue à jamais par la motorisation. Seul semblait devoir perdurer un yachting fortuné, réservé à quelques originaux assoiffés de grand air. Pour le commerce, la guerre, la pêche, la voile s'est trouvée distancée et, à cette époque (l'entre-deux guerres), la « Quatrième Flotte » (la plaisance) n'existait pas encore.

Aujourd'hui, le miracle s'est accompli. Non seulement la voile survit et prolifère, mais, comble de paradoxe, on parle de plus en plus de lui faire reprendre du service commercial. Des projets sérieux existent en effet, et, parmi ses plus fervents partisans, on compte le commandant Cousteau.

Encore plus encourageant, la voile ne s'est pas contentée de survivre comme le naufragé sur son radeau ; au contraire, elle a repris sa marche en avant avec des moyens, des matériaux et des conceptions entièrement nouveaux. Les grands multicoques de haute mer sont de véritables laboratoires technologiques où tout se teste, se mesure et se contrôle, avec pour seul objectif d'aller toujours plus vite, plus loin, avec plus de sécurité.

La navigation à voile, du modeste dériveur aux engins les plus sophistiqués, est devenue un phénomène de société ; quelle que soit sa finalité, le sport ou la promenade, elle est aujourd'hui à la portée du plus grand nombre. Elle peut être perçue de deux façons, radicalement opposées : d'un côté, la voile-spectacle avec ses courses, ses champions, sa publicité ; de l'autre, la tradition, qui relie la joie moderne de naviguer au passé – souvent difficile – des métiers de la mer. Les uns pensent fibre de carbone, foilers et mâts profilés ; les autres ne rêvent que voiles cachou, herminette et bout-dehors... Inconciliables ? Dans l'esprit, peut-être. Mais quoi ? Qu'est-ce qui fait bondir *Elf-Aquitaine* à travers l'Atlantique, ou foncer *Eliboubane* à travers la Manche ?

La Belle-Poule, goélette à hunier de l'École navale, un superbe voilier construit en 1932 par le chantier naval de Normandie. Qui a eu le bonheur de tirer quelques bords sur ce navire — ou sur son sistership L'Étoile — n'est pas près de l'oublier...

Page de gauche : le plus grand des voiliers traditionnels encore à flot : Krusenstern, un quatre-mâts barque en acier de 104 mètres de long, 13 mètres de large et 6,90 mètres de tirant d'eau.

149

Regina Maris, *la célèbre goélette britannique, longue de 36 mètres, fut construite en 1908. On remarquera la grande division de la voilure, permettant de porter exactement la toile du temps.*

Sur toutes les mers du monde, de grands et vénérables anciens regardent – sans doute avec quelque indulgence – la flottille des jouvenceaux se chamailler sur des principes. Eux dont la sous-barbe en a vu d'autres, fiers de leurs voiles carrées qui ne datent pas d'hier, ne considèrent qu'une seule chose : qui marche avec le vent ne peut qu'être de la famille ; le reste n'a pas grande importance... Et, s'étant prononcés, les superbes voiliers virent de bord pour penser à autre chose. Ils sont aujourd'hui des dizaines de vieux gréements de toutes nationalités, pour la plupart survivants de la déroute historique. Ils ont connu l'« avant » et l'« après » de la voile ; leur gloire est d'avoir su maintenir la tradition contre vents et marées. Il s'en est fallu de peu ; beaucoup n'ont pas doublé le cap difficile, mais ceux qui restent sont honorés comme ils le méritent. Ils forment chaque année des milliers d'hommes de mer qui navigueront demain sur des pétroliers ou des porte-avions. Quelle revanche ! Quelle leçon !

... Et comme ces formidables voiliers écoles, voiliers d'instruction militaire, voiliers d'aventure ne suffisent plus, une course au sauvetage s'est engagée : renflouer, rénover, réarmer ce qui peut l'être encore (l'expérience – réussie – du *Belem* est édifiante à cet égard).

Qui oserait prétendre que ces magnifiques navires n'appartiennent pas à la voile contemporaine ?

Danmark, *le trois-mâts carré dans toute sa splendeur. Ce puissant navire, construit en 1933 par Aage Larsen, évoque à lui seul la grande épopée de la voile traditionnelle. Il fait partie des quelques dizaines de survivants qui, pour notre plus grand plaisir, naviguent encore.*

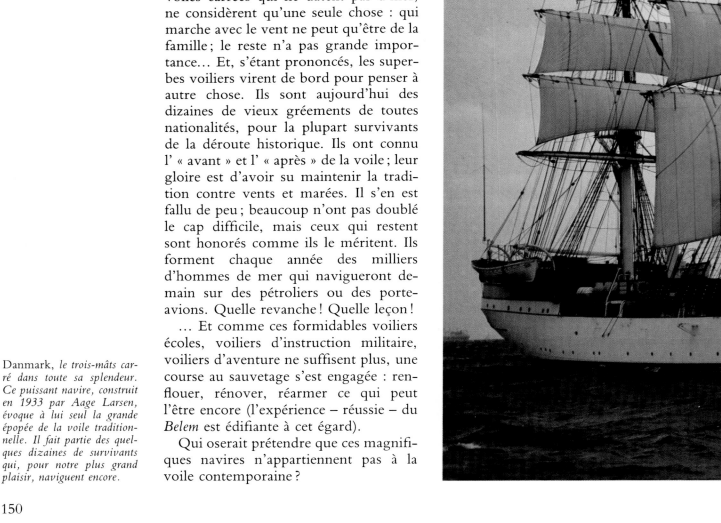

LA CROISIÈRE
NE FINIT JAMAIS

Cette fois, nous arrivons. Tout à l'heure, quelqu'un dira d'un ton faussement détaché : « Tiens, le phare des Cardinaux droit dans le cap... » Mais le ton n'y sera pas.

Chacun montera sur le pont pour contempler la grande tour, puis commencera à rassembler ses affaires ; sans zèle excessif.

C'est toujours comme ça. Nous arrivons.

Nous serons à Port-Haliguen dans l'après-midi si le vent se maintient au suroît ; il s'y maintiendra.

Une belle virée depuis La Rochelle, vent portant (ce qui est rare), peu de mer, une fameuse ambiance à bord... Des souvenirs, des embruns, des étoiles plein la tête...

Nous arrivons.

Il nous restera à mouiller proprement dans un havre familier ; à régler les aussières, nettoyer le bord, lover les drisses, ranger les voiles. Puis, à tour de rôle, nous irons prendre une douche qui sera forcément délicieuse. Alors...

Alors se produira l'événement.

Avant que l'équipage ne se disperse, il se retrouvera au Café du Midi, pour une dernière parade. Ils seront tous là, les anciens, les nouveaux, les jeunes, les vieux, Baptiste peut-être...

Ils lèveront leurs verres à la mémoire des Absents, puis, largant les amarres du souvenir, ils commenteront la croisière ; celle-ci et d'autres, et toutes les croisières du monde pour peu que le muscadet soit au frais. Instants fascinants où chacun revivra son aventure maritime et personnelle ; puzzle interminable où s'imbriqueront les heures incertaines et celles du triomphe partagé.

Tous les grands moments d'hier et d'aujourd'hui reviendront en mémoire le plus naturellement du monde, émergeant d'une conversation inévitable qui, elle-même, dérivera lentement vers d'autres sujets.

Comment échapper en effet aux interrogations que la fréquentation de la nature impose ? On ne peut impunément composer avec des forces cosmiques (les astres, les vents et les marées) sans être interpellé par quelques grandes questions, un peu banales certes, mais pourtant bien réelles. Que sommes-nous dans le grand mouvement de l'univers ? N'est-il pas présomptueux de jouer au plus fin avec des forces immenses qui nous ignorent ? La mer est si grande et le bateau si petit...

De même, on ne peut pas occuper sa juste place dans l'équipage, y prendre sa part de responsabilités, accepter les joies et les contraintes sans s'interroger sur le sens de sa vie. Que vais-je donc chercher entre le ciel et l'eau ? Dans quelle communauté ? Et pour quel partage ?

Questions conventionnelles, sans doute, mais inévitables, mieux : obligatoires. D'autant que, parfois, on a la surprise de découvrir que la réponse n'est pas tout à fait celle qu'on attendait. Un peu comme ce compagnon du tour de France, expliquant qu'à l'ouvrage, ce n'est pas l'intelligence qui descend vers la main, mais au contraire, l'esprit du geste qui remonte vers l'intelligence.

C'est en cela, et pour toutes ces interrogations, que la croisière ne finit jamais.

Non, la croisière ne finit jamais... Pour le plaisir, l'esthétique, l'émotion, le goût de l'effort, pour des raisons obscures ou évidentes, elle se poursuivra en chacun de nous jusqu'au dernier bord. Jusqu'au moment où nous pourrons dire : « Hisse le grand foc, tout est payé... »

153

Glossaire

ABATTRE : éloigner l'avant du bateau du lit du vent.

ADONNER : se dit du vent lorsque, changeant d'orientation, il permet de prendre une allure plus arrivée, plus abattue pour un même cap.

AFFOURCHER : installer, par sécurité, deux lignes de mouillage. Ces deux lignes sont divergentes et forment une « fourche ».

ALIGNEMENT : droite passant par deux points (amers) remarquables.

ALLURES : réglage des voiles selon la route et l'orientation du vent. Les allures du près sont celles où le vent vient du demi-cercle avant (la zone de vent debout exceptée). Les allures du largue sont celles où le vent vient du demi-cercle arrière.

AMER : tout objet fixe remarquable pouvant servir de repère.

AMPLITUDE : se dit d'une marée. Désigne la différence de hauteur entre la basse mer et la pleine mer de cette marée en un lieu donné (s'exprime en mètres).

AMURE : coté d'où vient le vent par rapport au bateau (bâbord amure, tribord amure).

ARTIMON : mât arrière d'un voilier en comportant plusieurs.

AU BAS RIS : se dit du bateau ; il est au bas ris lorsque tous les ris possibles ont été pris.

AULOFFÉE : mouvement ou embardée du bateau se rapprochant du lit du vent. Voir « départ au lof ».

AUSSIÈRE : fort cordage utilisé comme amarre.

AU VENT : tout ce qui est situé du côté *d'où vient* le vent par rapport à l'axe longitudinal du bateau (contraire : *sous le vent*).

BÂBORD : côté gauche du bateau dans son sens normal de marche.

BALANCINE : manœuvre courante servant à retenir la bôme d'un voilier lorsque la voile n'est pas établie.

BALISE : amer artificiel portant une marque conventionnelle. Une balise peut être une bouée, une tourelle, une perche, etc.

BARRE D'ÉCOUTE : sur les voiliers de plaisance, système de rail et de chariot permettant de déplacer transversalement le point de tire de l'écoute de grand-voile.

BASSIN À FLOT : bassin portuaire fermé par une écluse et permettant au bateau de flotter même à marée basse.

BÉQUILLES : pièces de bois ou de métal maintenant le bateau échoué debout sur sa quille.

BITTE D'AMARRAGE : court et solide pilier en bois ou en métal installé à bord ou à quai et permettant de tourner les aussières d'un bateau.

BITTURE : disposition de la chaîne de mouillage sur le pont de façon qu'elle file librement. Cette disposition affecte la forme d'un zigzag.

BÔME : espar horizontal sur lequel est gréée la partie basse de la grand-voile.

BORDER : action tendant à ramener la voile un peu plus dans l'axe du bateau (contraire : *choquer*).

BOSSE : morceau de cordage dont une extrémité est fixée au bateau, et qui sert à de multiples usages. Bosse de ris, bosse d'embarcation...

« BOUFFEUR D'ÉCOUTES » : compétiteur acharné.

BOUT : morceau de cordage léger à usages multiples.

BOUT-DEHORS OU BOUTE-HORS : espar débordant l'étrave, sur lequel on établit les voiles d'avant. On disait autrefois « bâton de foc ».

BRAS : manœuvre courante utilisée avec un spi et servant à son réglage ; elle est installée sur le bord opposé à l'écoute.

BRIGANTINE : voile aurique (trapézoïdale, gréée sur bôme, mât et corne).

BRIN À CASSER : lien peu résistant destiné à maintenir un spi durant son envoi et à se rompre au premier souffle du vent. Le brin à casser peut être utilisé pour d'autres usages.

CABOTAGE : navigation proche des côtes.

CACHOU : substance extraite d'un arbre oriental, l'acacia Catechu, et utilisée naguère pour traiter les voiles. Celles-ci prenaient alors la couleur rouge noirâtre du cachou.

CALMIR : se dit du vent lorsqu'il se calme (contraire : *forcir* ou *fraîchir*).

CAP DE MOUTON : pièce de bois en forme de lentille, percée de trois trous et servant à rider (raidir) le haubanage des anciens voiliers (fonctionne comme un palan). Remplacé aujourd'hui par des ridoirs métalliques à vis.

CAPE : allure de mauvais temps. Il ne s'agit pas de faire route, mais de garantir la sécurité et un minimum de confort. Il existe plusieurs réglages de capes.

CARÈNE : partie immergée de la coque.

CATAMARAN : bateau à deux coques solidaires.

CAT-WAY : petit ponton flottant installé dans les ports de plaisance ; perpendiculaire au ponton principal, il permet d'accéder facilement aux bateaux disposés en épi. Il est très étroit, d'où son nom.

CHALUTER : se dit du spi quand, à la suite d'une fausse manœuvre, il travaille dans l'eau à la manière d'un chalut.

CHAUMARD : encoche ou croc en bois, en métal ou en plastique, servant de guide à la ligne de mouillage.

CHOQUER : se dit d'une écoute ; réduire sa tension (contraire : *border*).

CLAIR : se dit du pont, du mouillage, de l'intérieur ou du bateau tout entier ; ce qui est clair est propre, prêt, rangé, à poste...

CLAPOT : zone de vagues courtes, peu profondes mais agressives.

COCKPIT : creux formé dans le pont d'un bateau (généralement sur l'arrière) et aménagé pour recevoir l'équipage.

COEFFICIENT : ordre de grandeur exprimé en centièmes et indiquant l'importance d'une marée en fonction de la position des astres.

COFFRE : flotteur relié à un corps mort.

COMPAS : version marine de la boussole.

CONTREBORD : se dit de bateaux qui font une route parallèle mais opposée. Se croiser à contrebord.

CORPS MORT : lourde charge immergée, reliée à un flotteur sur lequel s'amarrent les bateaux.

COUPLE : 1) pièce de construction composée de deux branches symétriques reposant sur la quille ; 2) se placer à couple : mettre deux bateaux l'un contre l'autre, soit pour naviguer, soit pour mouiller.

CROCHER : se dit de l'ancre lorsqu'elle s'accroche au fond.

CROISIÈRE ; CROISEUR : voyage de plaisance en mer ; navire habitable avec lequel on effectue le voyage.

CULER : se dit du bateau lorsqu'il progresse vers l'arrière, qu'il recule.

DAVIER : chaumard d'étrave.

DÉFERLER : 1) détacher les rabans qui tiennent une voile serrée (ferlée) ; 2) se dit des lames qui se brisent et croulent en avant.

DÉPALER : action insidieuse du courant de travers qui, peu à peu, éloigne le voilier de sa route.

DÉPART AU LOF : embardée du bateau, qui remonte irrésistiblement dans le vent. Sous spi, la gîte est considérablement accentuée par cette voile qui couche le bateau sous le vent.

DIAMANT : sur une ancre à jas, la pointe de la verge.

DORIS : petite embarcation à rames tenant bien la mer, utilisée par les morutiers au large de Terre-Neuve.

DRISSE : manœuvre courante (cordage) servant à hisser une voile ou un pavillon.

DROSSE : cordage ou filin utilisé dans le système de commande du gouvernail sur certains bateaux.

DUNDEE : mot anglais synonyme de ketch.

EAU À COURIR : avoir de l'eau à courir signifie avoir suffisamment d'espace devant soi pour ne pas risquer de se trouver en situation dangereuse.

ÉCOUTE : manœuvre courante (cordage) servant à régler les voiles.

ÉCUBIER : petite ouverture pratiquée dans le pont pour livrer passage à la chaîne d'ancre.

ÉLONGER ; ÉLONGEMENT : étendre, étirer dans le sens de la longueur ; disposition d'un mouillage convenablement établi.

EMBRAQUER : ramener vers soi, reprendre du cordage.

ENVERGUER : établir une voile sur une vergue, un mât, une bôme...

ÉQUIPET : volume de rangement, fermé ou non, à l'intérieur du bateau.

ERRE : déplacement du bateau sous l'effet soit de la vitesse acquise, soit de la vitesse en cours d'acquisition.

ESPAR : se dit de toutes les pièces de bois ou de métal longues ou effilées : mât, tangon, gaffe, aviron...

ESTRAN : portion du littoral recouverte à haute mer et découverte à basse mer.

ÉTALE : se dit de la mer ; courte période, à la haute mer et à la basse mer, où le niveau de l'eau reste stable.

ÉTALER : 1) étaler le courant : gagner contre le courant ; 2) étaler un coup de vent : subir un coup de vent sans avarie ni problèmes majeurs.

ÉTALINGURE : petit cordage reliant l'extrémité de la chaîne de mouillage (à l'opposé de l'ancre) au bateau. Si l'ancre se trouvait engagée (impossible à remonter), le mouillage pourrait être largué d'un simple coup de couteau.

ÉTARQUER : raidir une manœuvre courante.

ÉVITER : se dit du bateau au mouillage lorsqu'il s'oriente selon le vent et/ou le courant.

FASSEYAGE : mouvement des voiles lorsqu'elles se trouvent « en drapeau » par manque de vent ou à la suite d'une fausse manœuvre.

FERLER : serrer une voile sur un espar pour la soustraire au vent.

FLÈCHE : petite voile s'établissant au-dessus de la brigantine, entre la corne et le haut du mât (nom masculin).

FLOT : marée montante (contraire : *jusant*).

FOC : voile d'avant.

FOC BÔMÉ : foc dont la bordure est enverguée sur une bôme.

FOILS : patins dont sont équipés certains multicoques et qui leur permettent de déjauger.

FORCIR : se dit du vent lorsqu'il augmente de force (contraire : *calmir*).

FRAPPER : amarrer, lier l'extrémité d'une manœuvre.

FUITE : allure de sauvegarde consistant à placer le voilier dans le lit du vent et à faire route dans la direction où il souffle (prendre la fuite, mettre en fuite).

GARDES : aussières installées en forme de croix. L'une va de l'avant du bateau à une bitte du quai située sur son arrière ; l'autre, de l'arrière du bateau à une bitte située sur son avant.

GÉNOIS : grand foc. Il en existe de différentes coupes et de différents grammages.

GÎTE : inclinaison latérale du bateau sous l'action du vent.

GOSTER : voile d'avant très légère.

GRAIN : courte période de mauvais temps avec vent fort, pluie, grêle...

GRAND-VOILE : voile principale gréée sur la bôme.

GRÉEMENT : ensemble de manœuvres servant à la tenue du mât, à l'établissement et au réglage des voiles.

GUIGNOL : disposition du haubanage permettant d'équilibrer vers l'avant l'effort du pataras (hauban arrière).

GUINDEAU : treuil à axe horizontal mû par la force humaine ou électrique. Sert essentiellement à remonter le mouillage. (Ne pas confondre avec cabestan : axe vertical.)

HALEBAS : manœuvre servant à raidir un espar en le tirant vers le bas.

HERMINETTE : outil du charpentier de marine ; sorte de hache dont le tranchant est perpendiculaire au manche.

HISSER : peser sur une drisse de manière à établir une voile.

IN-BOARD : qui est à bord ; se dit surtout des moteurs, par opposition aux « hors-bord » *(out-board)*.

JONQUE : son gréement se caractérise par l'absence de haubans ; la voile est fortement lattée, ce qui lui donne une bonne rigidité et permet de réduire aisément sa surface.

JUSANT : marée descendante (contraire : *flot*).

LAME : vague puissante et lourde.

LARGUE : allure de navigation où le vent vient du demi-cercle arrière (allures portantes).

LIGNE : petit cordage allant du bord à la mer. Ligne de loch, de pêche, de sonde. On désigne également sous ce nom les composants d'un mouillage (aussière, chaîne, ancre).

LIT DU VENT : orientation du vent.

LIVRE DES FEUX : ouvrage répertoriant les feux de balisage, leurs caractéristiques, leurs gisements...

LOCH : instrument de navigation indiquant la distance parcourue.

LOFER : rapprocher l'avant du bateau de l'axe du vent.

LOUVOYER : naviguer en zigzag, de manière à gagner contre le vent par bords successifs.

MAÎTRE BAU : se dit de la partie la plus large d'un bateau.

MANILLE : anneau métallique ouvert se fermant par une clavette, une broche ou une vis (manillon).

MANŒUVRES : 1) opérations consistant à faire évoluer le bateau ; 2) se dit de tout cordage ou filin ayant un rôle bien défini. On distingue deux catégories de manœuvres : les fixes (dormantes) et les mobiles (courantes).

MARCONI : type de gréement où la grand-voile monte jusqu'en tête de mât.

MARNAGE : différence de niveau entre la haute mer et la basse mer.

MILLE : unité de mesure de distance (1 852 mètres).

MISAINE : le premier des mâts d'un voilier comptés à partir de l'avant (s'il en possède plusieurs). Voile gréée sur l'arrière de ce mât.

MORTES EAUX : périodes durant lesquelles les marées sont de faible amplitude en raison de la position des astres (contraire : *vives eaux*).

MOUILLAGE : 1) dispositif permettant d'immobiliser le bateau (ancre, chaîne, aussière) ; 2) manœuvre durant laquelle ce dispositif est mis en place ; 3) lieu abrité où le bateau peut être « mouillé ».

MULTICOQUE : bateau à plusieurs coques (catamaran, deux coques ; trimaran, trois coques ; prao, deux coques d'inégale longueur, la seconde étant un flotteur).

MUSOIR : extrémité d'une digue, d'une jetée.

NŒUD : unité de vitesse correspondant à 1 mille marin par heure, soit 1 852 m/h.

ŒUVRES VIVES : partie immergée de la coque d'un navire.

Ce sont des images familiè-res, courantes, pour ne pas dire banales... Tous ces ob-jets qui constituent l'accastil-lage d'un voilier de croisière sont des auxiliaires aussi effi-caces que discrets; mieux, des composants indispensa-bles à la bonne marche de la machine à remonter le vent... Têtière de grand-voile, winch, balcon, pied de mât, etc., ils peuvent parfois se composer en lignes, formes, volumes et couleurs totale-ment ignorés pendant long-temps. Et puis, un jour...

ORIN : filin ou cordage léger unissant un objet immergé à un objet flottant.

PARE-BATTAGE : synonyme de « défense ». Corps mous ou souples placés le long de la coque pour la protéger du ragage. La plupart des pare-battage de plaisance sont en matière plastique.

PATARAS : manœuvre dormante reliant la tête de mât au tableau arrière du bateau.

PLATURE : haut-fond plat débordant une côte.

POINT : position géographique du bateau obtenue par calculs, estimation ou relèvements.

PONTONS : caissons flottants assemblés par trains où viennent s'amarrer les bateaux.

PRAO (PROA) : bateau à deux coques inégales, l'une étant la coque principale, l'autre un flotteur.

PRÈS : allures où le vent vient de l'avant, exceptée la zone de vent debout. On distingue le près bon plein, le près, le près serré, le plus près serré (allure limite où le bateau ne peut plus remonter au vent).

« QUATRIÈME FLOTTE » : expression utilisée dans les milieux du yachting pour désigner la plaisance, après la Royale, le Commerce et la Pêche.

QUÊTE : se dit du mât; inclinaison par rapport à la verticale.

QUILLARD : bateau à quille fixe (par opposition aux dériveurs à dérive mobile).

RABANS : cordelettes utilisées pour ferler les voiles (pour prendre des ris, on utilise des « garcettes »).

RAGAGE : frottement (ragage de la coque contre un quai).

RATING : système de mesure prenant en compte diver-ses caractéristiques des bateaux afin de comparer leurs performances.

REFUSER : se dit du vent lorsque, changeant d'orienta-tion, il oblige à prendre une allure plus serrée pour un même cap.

RELÈVEMENT : observation d'amers, d'astres, de lieux ou d'objets remarquables afin de déterminer leur gisement à un moment précis.

REMONTER : évolution du bateau lorsqu'il lofe (remon-ter au vent).

RENVERSE : changement complet d'évolution du cou-rant de marée (une renverse à haute mer et une à basse mer). Se dit aussi du vent.

RIS : portion de toile qui peut être ferlée sur un espar afin de réduire la surface de voilure (prendre un ris).

ROOF OU ROUF : superstructure abritant la cabine d'un bateau.

« ROYALE » : marine militaire.

SAFRAN : partie du gouvernail qui fait suite à la barre et qui est immergée.

SAISIR : lier et nouer fortement.

SPINNAKER (SPI) : voile d'avant spéciale, légère et de grandes dimensions, pour les allures portantes. Cer-tains spi peuvent être portés au vent de travers.

SOUS-BARBE : cordage, câble ou chaîne installé sous le beaupré ou le bout-dehors. La sous-barbe relie l'extrémité de celui-ci au bas de l'étrave. Son rôle est de compenser l'effort exercé par les focs.

SOUS LE VENT : tout ce qui est situé du côté *où va* le vent par rapport à l'axe longitudinal du bateau (contraire : *au vent*).

SURVENTE : courte période durant laquelle le vent souffle sensiblement plus fort que son régime du moment.

TABLEAU : partie arrière du bateau « fermant » la coque.

TANGON : espar.

TAQUET COINCEUR : système simple permettant d'im-mobiliser une écoute ou une drisse par coincement.

TAPE-CUL : mât et voile d'artimon installés très à l'arrière de certains voiliers (yawl ou cotre à tape-cul).

TOURMENTIN : petit foc très résistant destiné à être établi par mauvais temps.

TRAVERSIÈRES : aussières établies perpendiculairement au bateau.

TRIBORD : partie droite du bateau dans son sens normal de marche (contraire : *bâbord*).

TRIMARAN : navire à trois coques solidaires.

TRINQUETTE : second foc établi derrière le grand foc sur un cotre, un yawl, un ketch...

VENT DE TRAVERS : allure de route où le bateau reçoit le vent par le travers.

VERGE : corps d'une ancre reliant le jas et les pattes.

VIT-DE-MULET : pièce métallique utilisée pour l'articula-tion de la bôme sur le mât.

VIVES EAUX : périodes durant lesquelles les marées sont de forte amplitude (contraire : *mortes eaux*).

VOYANT : signal conventionnel et caractéristique installé sur les balises.

WINCH : petit treuil à main servant à étarquer les écoutes et les drisses.

Table

CRÉDIT PHOTOGRAPHIQUE

Les photographies illustrant cet ouvrage proviennent, dans leur majorité,
de l'agence SEA AND SEE. Elles sont dues à Daniel Allisy, pour les pages 2, 12-13, 20,
30, 33, 39, 40, 41, 49, 50, 51, 53, 54, 57, 58, 59, 64, 65, 66 haut, 67, 79, 81, 82-83,
87, 88, 89, 94, 97, 101, 102, 106-107, 113, 114, 123, 127, 134, 144, 147, 156 gauche et
158-159 ; à Didier Barrault pour la page 19 ; à A. Black pour la page 37 ; à Escoffier pour
la page 48 ; à Christian Février pour les pages 4, 11, 23 en haut, 24, 26,
42, 66 bas, 72, 73, 74, 78, 84, 91, 117, 119, 124, 132-133, 135, 136, 142, 152 et 157 ;
à Daniel Forster pour les pages 7, 8-9, 29, 36, 47, 55, 56, 85 et 110 ;
à Francis Fréon pour les pages 6, 60-61, 63 et 69 ; à Annie Fyot pour les pages 23 bas,
140-141 et 156 gauche ; à Jo Gauthier pour les pages 148, 149, 150 et 151 ; à J.-J. Gouriou
pour la page 111 ; à Hollander-Mertes pour les pages 44-45 ; à Jacques Lorin
pour la page 17 ; à P.-C. Prot pour la page 18 ; à Martin Raget pour la page 128 ;
à Philippe Rougier pour les pages 14-15 et 92-93 ; à John Vine pour la page 71.

Ont en outre participé à l'illustration de ce livre : Olivier Duron pour la page 25 ;
Erwan Quémeré (MARINA-CEDRI) pour les pages 75 et 77 ;
les services de documentation de la Météorologie nationale pour les pages 34-35.

Cartes et dessins : Jacques Sablayrolles
Recherches iconographiques : Brigitte Richon
Mise en page : Gérard Gagnepain

ISBN : 2 73 242141 3

Dépôt légal : mai 1995

ACHEVÉ D'IMPRIMER
SUR LES PRESSES DE
FOUNIER ARTES GRAFICAS,
VITORIA, ESPAGNE